URGENCE

Collection « Les Essentiels d'Hermès »

Directeur de la communication
Dominique Wolton

Responsable de la collection
Éric Letonturier

Chargée d'édition
Léonie Sarlat

ISBN : 978-2-271-15831-4
ISSN : 1967-3566

URGENCE

Sous la direction de
Nicolas Le Merrer
et Marion Pollaert

Depuis maintenant trente ans, la revue **Hermès** ***analyse la place centrale qu'occupe la communication dans nos sociétés, ses conséquences et ses mutations profondes, au-delà des représentations, des idéologies et des discours techniques, économiques et politiques. Inscrite dans le sillage de la revue, la collection « Les Essentiels d'Hermès » souhaite faciliter l'accès à cette recherche contemporaine.***

En format poche, chaque ouvrage est construit autour d'un thème lié à la communication et propose de façon pédagogique un dossier offrant au lecteur :

– une introduction inédite qui dresse de façon synthétique un état de l'art en fournissant des points de repère et en montrant les enjeux soulevés par le thème ;

– une sélection de textes publiés dans la revue, réactualisés et retravaillés ;

– des articles inédits pour mieux approcher les différentes dimensions et cerner les évolutions et les questions qu'engage aujourd'hui le thème ;

– des outils qui aident à la compréhension des textes : glossaire et bibliographie sélective.

Sur la même architecture, la collection propose désormais des numéros originaux, reflétant les préoccupations et les orientations de la revue, sur des thèmes porteurs, émergents ou récurrents : la neutralité de l'internet, les réseaux, la propriété intellectuelle ou encore les utopies.

Le but est de donner envie au lecteur d'en savoir davantage et de rappeler qu'à l'ère numérique, le livre demeure un média incontournable pour comprendre le monde et contribuer à la diffusion du savoir et des connaissances.

Dominique Wolton
Directeur de la publication

www.cairn.info/revue-hermes-la-revue.htm
http://irevues.inist.fr/hermes
www.hermes.hypotheses.org
https://books.openedition.org/editionscnrs/13558

SOMMAIRE

Présentation générale
Urgence : pouvoir des mots, mot du pouvoir.............. 7
Marion Pollaert et Nicolas Le Merrer

Qu'est-ce qu'une urgence humanitaire ?
Les définitions humanitaires de la crise...................... 25
Joël Glasman

Urgence et priorités : choix politiques
et médecine humanitaire depuis 1978....................... 39
Bertrand Taithe

Vie et mort en zone rouge.. 55
Monique J. Beerli

Politique et éthique de la « crise des urgences »,
entre maltraitance systémique et dépossession............. 67
Philippe Ouvrard

Temporalité éthique contre urgence permanente......... 83
Patrice Poingt

Urgences et tri en temps de crise sanitaire 97
Sylvie Morel

« Créer un temps qui n'existe pas »........................... 115
Entretien avec Jamal Abdel-Kader et Nicolas Peduzzi,
Marion Pollaert et Nicolas Le Merrer

Rhétorique de l'urgence et risques existentiels :
vers une redéfinition de l'urgence 131
Marie-Noëlle Ribas

Liberté, anxiété, sécurité :
approche socio-psychologique des affects de l'urgence...... 137
Johann Drévillon

L'État d'urgence, matrice coloniale-autoritaire
de la Vᵉ République.. 151
Eugénie Mérieau

Le contre-droit des vies dénudées :
sortir de l'acommunication politique......................... 165
David Jousset

Critiques de l'urgence et revendication démocratique.... 181
Marion Pollaert

L'écologie politique face à l'urgence ordinaire du pouvoir... 197
Entretien avec Enzo Lesourt et Nicolas Le Merrer

Bibliographie sélective.. 211
Les auteur.e.s.. 213
Table des matières... 219

Présentation générale
Urgence : mot du pouvoir, pouvoir des mots

Marion Pollaert et Nicolas Le Merrer

Le 25 janvier 2019, Greta Thunberg déclarait : « Les adultes ne cessent de dire : “nous avons le devoir, envers les jeunes gens, de leur donner de l'espoir”. Mais je ne veux pas de votre espoir. Je ne veux pas que vous soyez pleins d'espoir. Je veux que vous paniquiez. Je veux que vous ressentiez la peur que je ressens chaque jour. Et puis je veux que vous agissiez. Je veux que vous agissiez comme vous le feriez en cas de crise. Je veux que vous agissiez comme si notre maison était en feu. Parce qu'elle l'est. » En conclusion d'un discours prononcé au forum économique mondial de Davos, ces mots ont marqué l'histoire des luttes écologistes.

En réactivant la fameuse métaphore de la « maison en feu », déjà mobilisée par Jacques Chirac en ouverture de son discours du 2 septembre 2002 au 4e Sommet de la Terre à Johannesburg : « Notre maison brûle et nous regardons ailleurs », Greta Thunberg visait à figurer, dans cette expression spécifiquement, l'urgence climatique. Ces mots percutants ont-ils pour autant atteint leur objectif : contraindre les « grands » de ce monde – dirigeants politiques et chefs des plus puissantes entreprises multinationales – à passer enfin des discours aux actes, en matière de lutte contre le réchauffement climatique ? Au regard des tergiversations de la COP 28, de son accord final non contraignant – incitant à une « transition » hors des énergies fossiles et non à une « sortie » – et des reculs récents en matière de politique climatique mondiale[1], on serait plutôt en proie au doute, si ce n'est au pessimisme…

Le réchauffement climatique s'accroît ainsi plus rapidement que ne s'institue l'obligation de lutter contre lui au niveau international, et que ne s'inventent les solutions techniques et politiques pour mener à bien cette lutte. L'urgence à agir grandit irrémédiablement, et l'on parvient immanquablement à un dilemme communicationnel. Comment ne pas proclamer *a fortiori* cette urgence, de sorte à reconduire cette alerte de manière toujours plus impérative, à proportion que la crise se fait plus pressante ? Et tandis que l'on entend les alertes se multiplier, sur la catastrophe climatique et sur l'effondrement des écosystèmes, il est pourtant devenu évident que ces dernières ne suffisent pas à infléchir le cours des choses. Il y a, dans ce dilemme, quelque chose de tragique

1. Cf. notamment le nouveau décret de sortie des USA de l'accord de Paris, signé par Donald Trump le 20 janvier 2025.

qui lui confère un charme paradoxal. Plus on constate l'incapacité du discours de l'urgence à produire les effets pour lesquels il milite, plus on se sent assuré en retour de la validité et de la légitimité de ce discours, et plus on est séduit à l'idée d'en user…

Cette rhétorique de l'urgence vise non seulement à produire un sentiment d'urgence pour pousser à l'action, mais aussi à légitimer par le discours toute action menée au nom de l'urgence, y compris l'emploi de moyens exceptionnels, comme le montre l'analyse proposée par Marie-Noëlle Ribas dans ce volume. Au paroxysme de cette logique, la notion de « risque existentiel » – soit l'anéantissement de l'humanité – élaborée par le philosophe transhumaniste Nick Bostrom désigne une menace telle qu'elle secondarise tout autre type d'urgence, et justifie, contre la démocratie, l'autorité des experts et l'adoption d'un projet politique explicitement oligarchique. Mais repérer cette tentation autoritaire inhérente à la rhétorique de l'urgence ne rompt pas pour autant le charme de la circularité tragique qui en constitue le moteur. C'est parce qu'une telle circularité ne cesse de séduire à son profit que le discours de l'urgence est si difficile à appréhender de manière critique. Comment donc penser à la fois la légitimité et l'ambivalence de ce discours, sans paraître par là même sous-estimer l'urgence de la situation cruciale qui le motive, si ce n'est militer à l'inverse pour le *statu quo* ?

Greta Thunberg paraît s'être avisée des insuffisances d'une rhétorique fondée prioritairement sur la sollicitation des émotions : la peur, d'abord, face à une situation dont on nous révèle le caractère critique ; puis la honte d'y apparaître ridicule, une fois identifié comme un individu qui serait à la fois conscient d'un danger mortel et qui continuerait pourtant à vivre comme si de rien n'était. En prenant délibérément ses distances vis-à-vis de la stratégie rhétorique qui a guidé ses précédentes interventions, la militante s'efforce, dans son discours du 11 décembre 2019 à la Conférence des Nations Unies sur le climat à Madrid, de focaliser plutôt l'attention sur le fait même de l'urgence écologique, et sur la validité du discours scientifique permettant d'établir et d'attester ce fait. Mais on ne quitte pourtant pas la rhétorique de l'urgence : c'est parce que le temps manque, désormais, qu'il est impératif de s'en tenir à une présentation factuelle de l'urgence. Cette dernière est telle, autrement dit, qu'elle exige, pour être proclamée, l'utilisation d'une rhétorique qui mette en scène, en quelque sorte, le tragique de sa propre inefficacité… Or, non seulement ce paradoxe n'implique aucunement que l'on sorte de la rhétorique de l'urgence, mais il en constitue même le principal ressort.

L'urgence écologique, appréhendée à partir de sa mise en mots et de sa communication, offre ainsi une vue condensée de l'ensemble des difficultés et paradoxes qu'affronte, à sa manière, chacune des contributions réunies dans ce volume. L'impuissance des proclamations de l'urgence climatique, leur incapacité à opérer la mise en action qu'elles visent à susciter, est ainsi paradigmatique de l'ambivalence foncière de la notion d'urgence, envisagée comme enjeu de discours aspirant à mobiliser politiquement ou à légitimer une inflexion normative. Le caractère inopérant des usages militants de la rhétorique de l'urgence ne risque-t-il pas, ici comme ailleurs, de conduire par impatience à défendre l'instauration d'un « état d'urgence » écologique, nous acculant ainsi à une appréhension autoritaire de la question climatique, au nom de son urgence même ? Le glissement d'un appel à l'émotion vers l'autorité du discours objectif de la science, repérable chez Greta Thunberg, n'est-il pas malgré lui porteur d'un tel risque, incarné dans la figure verticale de « l'expert », à la fois produit et fonction d'un processus de dépolitisation ?

Les médiations de l'urgence

Le projet de ce volume est d'opérer un pas de côté, à l'égard des multiples proclamations de l'urgence. En suspendant provisoirement l'adhésion aux injonctions dont toute « urgence » se fait naturellement porteuse, il s'agit de mieux identifier les logiques politiques qui sous-tendent et traversent le concept d'urgence comme tel, logiques que l'acte même de sa proclamation accomplit et recouvre tout à la fois. Peut-on identifier des invariants, en parcourant ainsi le vaste champ des phénomènes qui se présentent à nous sous la forme de l'urgence, par-delà la contradiction qui peut opposer une situation à une autre ?

On peut instaurer une première distance critique : l'urgence ne désigne pas seulement une situation, mais aussi un acte de communication. Cette mise en discours met en relation un émetteur et un récepteur, et articule identification et quantification de l'urgence (en soulevant le problème du discours expert). Elle traduit également cette urgence en des termes qui doivent entraîner une transformation des habitudes et pratiques, et qui appelle surtout une mise en action.

Mobilisée par ceux qui gouvernent, la référence à l'urgence a alors pour fonction de justifier la concentration, ou l'intensification, des possibilités d'action de l'exécutif, se traduisant notamment par l'accroissement des logiques de coercition administrative, au détriment de la tutelle du pouvoir judiciaire et des contre-pouvoirs. En cherchant à solliciter le consentement des gouvernés, voire à susciter leur sidération, la référence à l'urgence produit l'obéissance et soustrait au débat public la qualification même de l'événement critique et les moyens choisis pour y répondre. Ce phénomène de dépolitisation de questions pourtant fondamentales au motif de l'urgence qui les caractérise, analysé dans ce volume aussi bien pour l'action humanitaire, le soin ou l'exercice du pouvoir, revient alors à priver les citoyens de leur possibilité d'agir et de délibérer sur ce qui les concerne.

Mais la proclamation de l'urgence peut aussi provenir du champ militant et s'envisage alors comme une sollicitation à l'adresse des gouvernants, du côté d'une posture ouvertement critique à l'égard du pouvoir. On voit ainsi se multiplier en ce sens les mentions de « l'urgence » et de « la crise » : « écologique », évidemment, mais aussi « démocratique », « sociale », « du logement », « de l'éducation », ou encore « des urgences hospitalières » elles-mêmes… Le problème paraît ici s'inverser : on aspire, par la proclamation de l'urgence, à produire des effets, mais sans y parvenir.

Pour se repérer dans la multiplicité des « urgences » proclamées, tant par le pouvoir qu'à son encontre, revenons ici au paradoxe que nous avons caractérisé comme le moteur tragique de toute rhétorique de l'urgence. Dire qu'il est urgent d'agir, c'est mobiliser un discours qui porte en lui le regret d'avoir à prendre le temps de son propre déploiement. Or, dans la mesure où l'urgence fonctionne comme un acte de communication, ce paradoxe peut être ainsi reformulé : elle s'énonce en référence à un idéal d'immédiateté, mais elle implique pourtant un ensemble de médiations, discursives et normatives, que constitue ou génère le cadre spécifique au sein duquel on s'inscrit dès lors que l'on répond, volontairement ou malgré soi, aux sollicitations de ce qui « presse ».

Ainsi reformulé, ce paradoxe introduit une perspective critique sur la notion d'urgence et ses différents usages, à première vue politiquement contradictoires : ce volume s'attachera à examiner la nature et le fonctionnement de ces médiations. L'une des dimensions structurantes de l'urgence, considérée à travers les médiations qu'elle génère, est son inscription dans un horizon catastrophique qui, du point de vue des conditions du discours, renvoie à la situation limite d'acommunication, sous la forme paradigmatique de la guerre – que celle-ci soit réelle ou discursivement suggérée (songeons à la « guerre contre le virus », ou « contre le terrorisme », au nom desquelles on s'est appliqué à justifier les récents états d'urgence en France depuis 2015). C'est ce qui apparaît notamment si l'on interroge le sens humanitaire de l'urgence, qui en constitue l'acception matricielle, et les modalités de l'action par laquelle on s'efforce d'y répondre. Chacune à leur façon, les trois premières contributions à ce volume montrent bien que l'aide humanitaire ne peut manquer de se déployer sous la forme d'une négociation, complexe et ambivalente, sur fond de violence et d'altérité radicale.

C'est donc la diversité des situations d'incommunication que génère l'urgence, envisagée comme enjeu communicationnel et politique, qui sera ici interrogée. Nous tenterons d'y repérer des fils directeurs, des principes structurants, par-delà l'apparente confusion que produit la multiplication des proclamations de l'urgence – du côté du pouvoir comme de sa critique – articulée au sentiment, de plus en plus marqué, de ce que Harmut Rosa appelle une « accélération » du temps (2010).

De l'aide humanitaire au soin hospitalier : le spectre du tri

En ouverture de ce volume, Joël Glasman s'interroge sur les définitions de l'urgence humanitaire qui ont été imposées par le paradigme libéral et qui structurent l'action humanitaire depuis les années 1990. Mettant en évidence les limites de telles définitions, il montre que l'espoir d'un critère apolitique et objectif qui permettrait de justifier l'intervention, se traduisant notamment par le recours aux données quantitatives, est vain. Aucune définition de l'urgence n'a jamais pu se substituer à la délibération et à la prise de décision politique.

Des choix et arbitrages structurent donc la pratique de la médecine humanitaire : Bertrand Taithe le montre en retraçant son histoire et son développement depuis 1978. C'est notamment en réponse à l'idéalisme des « soins de santé primaire », défendus par la déclaration d'Alma Ata cette année-là, que s'initie un mouvement de professionnalisation de l'action humanitaire, dans lequel la médecine d'urgence fait office de paradigme. Les choix et la détermination de l'urgence créent les dynamiques spécifiques d'une action toujours négociée avec des autorités souveraines, mais qui peut souvent apparaître décorrélée des demandes locales. Ces pratiques relèvent d'une logique du tri, de sorte que l'urgence demeure la justification morale d'un labeur infini et toujours insuffisant face aux souffrances pathologiques démesurées de sociétés en guerre, voire en *system failure*. Les *Emergency Medical Teams* (EMT), créées par l'OMS suite au séisme de 2010 en Haïti, illustrent parfaitement les paradoxes et les limites d'un tel processus de professionnalisation. Fondées sur le modèle des équipes de sapeurs-pompiers envoyées sur le site d'un désastre de ce type, qui sauvent en réalité bien moins de vies que les premiers secours improvisés sur place, ces EMT répondent bien davantage aux exigences symboliques d'un discours d'efficience qu'aux nécessités concrètes du soin à mettre en œuvre.

Monique Beerli et Sylvie Morel contribuent à l'analyse des pratiques de triage, qui révèlent l'ancrage historique de la notion d'urgence médicale dans la médecine de guerre, cristallisant la logique des dispositifs d'urgence et ce qu'ils justifient. Monique Beerli démontre que l'impératif de sauver des vies et la défense de la vie comme valeur universelle s'accompagnent nécessairement, dans leur mise en œuvre, d'une hiérarchisation des vies, mettant ainsi en lumière ce que l'on peut nommer, avec Didier Fassin (2018), l'inégalité des vies humaines. Les efforts pour sécuriser les opérations d'aide humanitaire, en effet, ont paradoxalement compromis l'impératif de défendre l'humanité et d'alléger la souffrance là où elle se trouve, en délaissant des « zones rouges » définies par les risques sécuritaires qu'elles présentent, qui préconditionnent en amont toute intervention. Sylvie Morel, quant à elle, s'appuie sur la crise sanitaire du Covid-19 pour étudier la question du « tri » des malades, justifiée comme nécessaire dans la « guerre » contre la pandémie. Non seulement l'épidémie n'a pas frappé de manière égale, mais le « tri » a distingué les personnes que des soins d'urgence permettaient de « faire vivre » et les malades que l'on a choisi de « laisser mourir », au nom d'un nouvel impératif politique : sauver des vies.

De la « crise » des urgences à l'urgence des vies dénudées : le défi d'une réappropriation démocratique de l'aide et du soin

Philippe Ouvrard établit précisément le diagnostic de cette crise profonde du système des urgences, de l'hôpital et du soin, que l'épidémie a tout autant révélée qu'aggravée. La situation critique des urgences hospitalières ne constitue de ce point de vue qu'un symptôme, en bout de chaîne, d'une crise bien plus vaste de nature politique – dans ses causes comme dans ses effets. L'introduction de méthodes managériales dans une finalité d'efficacité et de rentabilité, et la réforme de l'État social par une gouvernance gestionnaire, dépossèdent les citoyens et citoyennes de toute autonomie politique, et les soignants et soignantes de leur profession même.

La médecine d'urgence, cela dit, entretient à l'égard du temps un rapport spécifique, qui fait qu'on ne peut se soustraire à la nécessité de prioriser les soins. Simplement, cette priorisation n'est légitime que si elle est fondée sur des critères thérapeutiques, à proportion de la gravité des pathologies, et pour autant qu'elle demeure éthiquement et politiquement inclusive. Cette spécificité temporelle du soin d'urgence peut alors être interrogée quant à ses implications en termes d'éthique médicale. Si une éthique des urgences est possible, comme le montre Patrice Poingt, c'est sur fond de temporalité lente, pour autant que les procédures de la médecine d'urgence relèvent d'une technique médicale acquise dans l'expérience et par le temps de la réflexion critique. Mais ce cadre n'est précisément envisageable que si demeure la possibilité d'un autre rapport au temps que celui de l'urgence. Dès lors que celle-ci tend à s'imposer comme l'horizon temporel de toute action, se profile une crise de sens radicale.

Aussi, une autre question apparaît primordiale : celle de la temporisation et de la création du lien. Des tâches qui deviennent intenables dans l'organisation du travail d'une institution, que l'on peut juger violente à certains égards, tant envers les personnes soignées qu'envers le personnel soignant. Cette contradiction résonne aussi bien sur le plan individuel de la souffrance psychique que sur celui, collectif, de la paupérisation des services publics incompatible avec le soin. Ainsi, s'efforcer de créer ce temps que l'urgence permanente a rendu impossible, c'est précisément à quoi s'emploient le psychiatre Jamal Abdel-Kader dans sa pratique et, de manière spéculaire, le documentariste Nicolas Peduzzi dans le film *État-limite*.

David Jousset, quant à lui, reprend la notion de « contre-droit », élaborée par un collectif incluant des personnes ayant l'expérience de la grande pauvreté. Il propose de définir l'état d'exclusion comme un état d'urgence permanent, qui exerce la violence d'une maltraitance sociale systémique contre les populations marginalisées. Or, il est possible de construire une réponse politique et collective en trouvant, à partir de la position d'exclusion elle-même, le point de référence épistémologique et normatif pour évaluer une politique. L'indivisibilité des droits permet d'articuler lutte contre l'exclusion et retournement du droit en ressource critique, tout en redonnant la parole aux personnes qui en sont ordinairement privées.

Comment résister aux états d'urgence ?

Urgence et autoritarisme sont liés, comme le précise Eugénie Mérieau. L'état d'urgence produit deux effets : un effet de droit objectif, de « prise de pouvoir » de celui qui décrète l'état d'exception, et un effet de droit subjectif, de suspension des garanties des droits humains. Cette seconde dimension du gouvernement, par l'urgence, accentue donc la négation de la vie même des personnes déjà reléguées aux marges de société. L'état d'urgence, en ce sens, ne constitue pas tant une exception à la normalité, qu'une aggravation de rapports de domination préexistants, qui ont partie liée à la matrice coloniale des dispositifs juridiques d'exception.

C'est ce que montre l'autrice, à travers une généalogie critique de la Constitution de la Ve République.

Johann Drévillon propose pour sa part une analyse des ressorts de « l'obéissance de masse » (Mariot & Boulakia, 2023) qui a caractérisé l'adhésion aux mesures coercitives imposées lors de la pandémie de Covid-19. Comment la sécurité est-elle devenue une préoccupation si centrale au point de délégitimer toute résistance ou tout débat public, ne serait-ce que sur l'efficacité de ces mesures ? Que révèle, plus largement, une telle adhésion aux politiques sécuritaires qui se multiplient dans les démocraties libérales, mettant en crise la notion même de « liberté », censée en constituer le principe ?

La dualité matricielle du constitutionnalisme et de l'état d'urgence, établie par l'analyse généalogique d'Eugénie Mérieau, se décline dans l'exercice même du pouvoir. Marion Pollaert montre ainsi que l'état d'urgence est aisément soluble dans l'exercice « normal » du pouvoir qui tend à dépolitiser l'organisation collective et tout débat à son propos. Loin que l'état d'exception ouvre une voie de règlement politique à la gouvernance néolibérale dominante, l'alternance brutale entre autorégulation technique et crises politiques réglées illibéralement ne fait que conforter l'ordre établi et referme l'espace de tout débat public, en réduisant toute réponse à l'alternative entre coupable naïveté ou adhésion sécuritaire. Sur le plan communicationnel, c'est dire que la proclamation de l'urgence s'articule à un dispositif qui, littéralement, fait taire.

Enzo Lesourt, enfin, revient dans un entretien sur la question de l'exercice du pouvoir et la difficulté à élaborer une alternative robuste à la surenchère d'une urgence sur une autre, mobilisée en vain, en particulier au sujet de l'urgence climatique. La solution se trouverait dans l'organisation collective, dans l'institutionnalisation des contre-pouvoirs et, peut-être avant tout, dans l'invention de nouveaux récits qui échappent à l'étau du jeu institutionnel.

Nous avons donc tenté d'écouter les mots de l'urgence sans céder à leur charme. « Un lien douloureux » (*Odyssée* XII, 160) nous garantirait-il alors de nos sirènes, aux accents pompiers, ambulanciers et policiers, à la manière d'Ulysse qui, pour pouvoir jouir sans risque du chant de ses sirènes à lui, demandait qu'on le maintienne fermement ligoté à son mât ? Revendiquer cette position, ce serait se croire protégé, hors d'atteinte car fondamentalement extérieur, et reconduire ainsi une illusion récurrente de la recherche universitaire : être suffisamment immergé pour prétendre à une connaissance supérieure, tout en ayant le loisir de se trouver en surplomb à l'égard de son objet. Nous ne pensons pas qu'il soit possible de survoler l'urgence et de construire sur elle un point de vue en extériorité. Certaines des contributions à ce volume s'efforcent d'ailleurs d'esquisser un point de vue situé et de donner la parole aux personnes concernées, au personnel du soin en particulier, ou encore aux personnes en situation d'exclusion. Cette tentative, partielle dans le contexte académique, reflète le fait que nous ne faisons pas « exception » et sommes pris et prises dans le même étau que renforcent les discours et dispositifs de l'urgence.

Références bibliographiques

FASSIN, D., *La Vie. Mode d'emploi critique*, Éd. Seuil, 2018.

MARIOT, N., & BOULAKIA, T., *L'attestation. Une expérience d'obéissance de masse, printemps 2020*, Éd. Anamosa, 2023.

ROSA, H., *Accélération. Une critique sociale du temps*, Éd. La Découverte, 2010 (traduit de l'allemand par RENAULT, D., édition originale 2005).

Qu'est-ce qu'une urgence ? Les définitions humanitaires de la crise

Joël Glasman

Il n'existe pas de définition consensuelle de l'urgence en humanitaire. Chaque organisation intervient en fonction d'un mandat, de capacités et de mécanismes qui lui sont propres. Les organisations humanitaires sont très diverses : certaines sont des structures d'État, d'autres des organisations internationales, d'autres enfin des structures associatives et privées (Organisations non gouvernementales – ONG). Elles répondent à des contraintes juridiques, des capacités matérielles et des buts politiques variés. À chaque catastrophe, des diagnostics différents s'affrontent. À chaque crise, les organisations humanitaires sont critiquées pour leurs hésitations.

Dans les années 1990, afin de répondre à ces critiques, les organisations humanitaires ont essayé de se mettre d'accord sur quelques définitions communes. Le système humanitaire actuel est l'héritier de réformes qui ont été mises en place dans un contexte post-guerre-froide d'expansion du libéralisme, d'interventionnisme occidental et de multiplication de débâcles humanitaires (guerre au Liberia et en Sierra-Leone, guerre en Somalie, guerres de Yougoslavie, génocide au Rwanda, guerre du Congo). Les années 1990 furent un âge d'or de codification humanitaire, avec l'émergence de nouveaux entrepreneurs de normes (Davey, Borton, Foley, 2021 ; Glasman, 2023)[1].

Deux manières de définir l'urgence ont été discutées à cette époque : une définition managériale et une définition statistique de l'urgence. Ces deux approches ont nourri l'espoir d'une aide humanitaire apolitique et objective, fondée sur le savoir et la science plutôt que sur les rapports de force. Dans la ferveur de ce qui a pu apparaître comme « la fin de l'histoire », certains ont même cru en une définition quasi algorithmique de l'urgence : rendre la décision automatique, mettre fin aux interminables discussions. Cet espoir fut rapidement douché. Aucune définition de l'urgence n'a jamais pu se substituer à la délibération et à la prise de décision politique. Ces nouvelles définitions de l'urgence ont eu un effet paradoxal : en voulant clore par avance les délibérations, elles ont en réalité contribué à les enrichir.

1. Notamment : Déclaration de Turku (1990), *Humanitarian War Project* (1993), *Mohonk Criteria* (1993), *Code of Conduct* (1994), *People in Aid Code of Best Practices* (1995), ALNAP-*Active Learning Network for Accountability and Performance* (1997), Groupe URD (1999), etc.

Définir l'urgence par le management

Les organisations humanitaires sont souvent en compétition les unes avec les autres : pour les fonds, pour l'accès aux populations, pour l'attention médiatique… Elles ont des mandats différents. Elles s'appuient sur des dispositifs techniques et des expertises distincts. Chaque agence de l'ONU, par exemple, conduit son propre diagnostic. Le haut-commissariat pour les réfugiés (UNHCR) intervient lorsqu'une crise produit des réfugiés. Sa définition juridique résulte de la convention pour la protection des réfugiés de 1951. Le Programme alimentaire mondial (PAM) s'appuie sur la notion d'insécurité alimentaire, qui découle d'une interprétation de textes juridiques sur le droit à l'alimentation, précisés par la conférence mondiale de l'alimentation de 1996. Le Fonds des Nations Unies pour l'enfance (Unicef) s'appuie sur des documents qui définissent l'enfance, notamment la Convention relative aux droits de l'enfant de 1989. Pour l'Organisation mondiale de la santé (OMS), l'urgence est définie en fonction d'un désordre médical, par exemple une épidémie. Tandis que le Bureau des Nations Unies pour la réduction des risques de catastrophe (UNDRR) définit l'urgence comme la suite d'une catastrophe naturelle.

La liste n'est pas exhaustive – et la diversité des perspectives est plus grande encore lorsque l'on sort du système onusien pour s'intéresser aux organisations humanitaires privées comme les ONG : chacune a son angle d'intervention privilégié.

Dans les années 1990, l'ONU a essayé d'y mettre un peu d'ordre. La résolution 46/182 du 19 décembre 1991 de l'Assemblée générale de l'ONU crée un *Emergency Relief Coordinator* (ERC) : un Secrétaire général adjoint pour les affaires humanitaires et coordinateur des secours d'urgence, chargé de coordonner l'ensemble de la réponse humanitaire en cas d'urgence, de l'action des organisations de l'ONU à celle des ONG. Cette résolution met également en place un Comité permanent inter-agences (*Inter-Agency Standing Committee*, IASC), c'est-à-dire un forum de discussions entre les acteurs humanitaires. Elle est suivie, l'année suivante, par la création d'un Département des affaires humanitaires (DAH), rebaptisé *Office for the Coordination of Humanitarian Affairs* (OCHA) quelques années plus tard.

Ces trois nouvelles institutions (ERC, IASC, OCHA) deviennent alors des lieux de création de procédures de coordination et de partage des tâches entre les différents acteurs humanitaires. Elles établissent ensuite une liste des différentes définitions concurrentes de l'urgence, utilisées jusqu'alors par les institutions onusiennes, et proposent une notion qui puisse englober toutes ces définitions : celle de « situation d'urgence complexe » (*Complex Emergency*

Situation[2]). Cette dernière s'impose comme une notion clé des années 1990-2000 et donne lieu à une littérature pléthorique (Natsios, 1995 ; Väyrynen, 2000 ; Dijkzeul & Griesinger, 2020).

Dans sa conception la plus simple, l'IASC retient trois éléments d'une urgence complexe.

1) Une crise humanitaire dans un pays où il y a une rupture totale ou considérable de l'autorité, résultant d'un conflit civil ou d'une agression étrangère.
2) Une crise humanitaire qui nécessite une réponse internationale dépassant le mandat ou la capacité d'une seule agence.
3) Une crise humanitaire qui, selon l'IASC, nécessite une coordination politique et de gestion intensive et étendue.

Cette définition ne précise pas ce que signifie une « rupture totale » de l'autorité. Elle laisse aux organisations humanitaires le soin de qualifier la situation. D'apparence formelle, cette définition est en fait tautologique et performative : si les agences onusiennes ou l'IASC déclarent qu'il y a urgence complexe, alors il y a urgence complexe.

2. *Inter-Agency Standing Committee Working Group, 16th Meeting, Definition of Complex Emergencies, 30 November 1994. UN, 1994, 'Strengthening of the coordination of humanitarian emergency assistance of the United Nations', Report of the Secretary General, A/48/536. New York: United Nations, October 18.*

La bureaucratie onusienne crée une définition de l'urgence qui est à la fois heuristiquement peu intéressante et institutionnellement assez efficace : elle place l'ERC – et le Secrétaire général de l'ONU – au centre des discussions. L'OCHA mettra en œuvre cette définition dans son système de *Cluster Coordination*, qui organise la division du travail humanitaire : chaque grande agence onusienne est désignée comme responsable d'un secteur. La coordination du secteur santé (c'est-à-dire les actions de toutes les organisations humanitaires agissant dans le domaine de la santé) est prise en charge par l'OMS, le secteur nutrition par l'Unicef, le secteur protection des réfugiés par le HCR, etc. Cette représentation de l'action humanitaire suggère à la fois le caractère exhaustif de l'action de l'ONU (rien n'est oublié), l'unité de l'action onusienne (tout le monde participe), le respect mutuel (tout le monde est à égalité), et la division des tâches (chaque agence a des limites bien marquées). En réalité, bien sûr, les agences et les ONG continuent d'être en concurrence pour l'attention médiatique et pour obtenir les financements. La division des tâches réelle reste tributaire de rapports de force. Mais la nouvelle définition des crises permet de pacifier ces relations et de placer l'ERC et l'OCHA au centre du jeu.

Définir l'urgence par le seuil statistique

Une autre manière de définir l'urgence est de s'appuyer sur des seuils statistiques. L'indicateur clé est le taux brut de mortalité : le nombre de décès ayant lieu chaque jour, en fonction du nombre d'habitants. En 1997, une petite ONG genevoise tente de rassembler toutes les définitions statistiques possibles de la crise, afin de proposer une définition consensuelle de l'urgence. Elle constate que les organisations humanitaires utilisent des seuils différents. Elle propose une définition : la crise est définie comme le moment où le taux brut de mortalité (*Crude Mortality Rate*) dépasse 1 décès pour 10 000 personnes par jour[3] (Glasman, 2020). Mais cette proposition est immédiatement contestée. Un épidémiologue écrit : « *Crude Mortality Rate works best with camps of displaced in bad condition. But a lot of other disasters occur in the world.* »[4] Que faire si les populations sont dispersées et que l'on ne peut pas calculer le taux brut de mortalité ? Et si un ouragan détruit les récoltes, les conséquences sur la mortalité sont bien plus tardives : « *Does one wait for Crude*

3. Il s'agit de l'ONG Sphere Project. *Humanitarian charter and minimum standards in disaster response*, Geneva: 1998.

4. « Le taux brut de mortalité fonctionne bien dans les camps de déplacés en situation d'urgence. Mais il existe aussi de nombreuses autres situations de catastrophe. » [trad. JG]

Mortality Rates to reach 1/10 000/day before actually implementing assistance ? »[5].

Le problème est que le seuil de 1/10 000/jour est arbitraire. Il correspond à un doublement de la mortalité moyenne dans les grands camps de réfugiés en Afrique, à l'époque. Mais un tel critère est-il applicable aux autres régions du monde ? Comment distinguer une mortalité « normale » d'une mortalité « d'urgence », alors que la mortalité « normale » peut déjà être très élevée ? Une experte résume le problème : « *Certain mortality rates will be acceptable in certain African contexts, whereas the same rates in a European context would demand a humanitarian response. Is such a relative standard acceptable ?* »[6]. Il y a une tension insoluble entre l'universalisme humanitaire et la réalité des inégalités mondiales : si les agences humanitaires n'interviennent que lorsque la mortalité est très élevée, elles n'interviendront jamais dans les pays riches. Si elles interviennent partout où il y a une mortalité excédentaire, elles devront intervenir presque en permanence dans les pays pauvres.

5. « Faut-il attendre que le taux brut de mortalité atteigne 1/10 000/ jour avant de mettre en place un dispositif d'assistance ? » [trad. JG]

6. « Certains taux de mortalité seront considérés comme acceptables dans certains contextes africains, tandis que les mêmes taux, dans un contexte européen, exigeraient une réponse humanitaire. Une telle norme relative est-elle acceptable ? » [*Ibid.*]

Une solution serait d'adopter deux standards différents : un seuil pour les pays riches, un seuil pour les pays pauvres. Mais cette proposition est rejetée en 1998. ONG et bailleurs de fonds refusent de mettre en avant une définition qui couperait l'humanité en deux. Ce n'est que treize ans plus tard que la même ONG se résout à fixer des seuils différents selon les sociétés. En 2011, Sphere définit une urgence humanitaire comme une situation provoquant plus de 1,07 décès/10 000/jour en Afrique subsaharienne, mais seulement 0,46 en Asie du Sud, 0,15 en Amérique latine et 0,03 dans les pays industrialisés[7]. Autrement dit, pour parler de « crise humanitaire » en Afrique, il faut qu'une catastrophe provoque 35 fois plus de victimes qu'en Europe.

Le taux brut de mortalité est l'un des indicateurs statistiques les plus emblématiques. Mais il en existe de nombreux autres, utilisés par les organisations pour décrire des situations d'urgence dans certains secteurs : taux de mortalité des enfants de moins de 5 ans, taux de malnutrition aiguë, pourcentage de la population ayant accès aux soins de santé primaire à moins d'une heure de marche, taux d'hospitalisation, part des ménages vivant dans des logements adéquats... La liste est loin d'être exhaustive. Ces indicateurs sont indispensables pour objectiver les

7. The Sphere Project, *Humanitarian charter and minimum standards in disaster response*, 3ᵉ édition, 2011, p. 311.

problèmes sanitaires. Mais ils ne peuvent se substituer aux délibérations. Les seuils statistiques sont des outils très utiles : certains sont de bonne qualité, d'autres de qualité médiocre (lorsque l'accès à la population est impossible, les données sanitaires peuvent être très peu fiables). Dans le meilleur des cas, les statistiques nourrissent des discussions de qualité. En aucun cas, elles ne peuvent remplacer la prise de décision politique.

Conclusion

Les définitions managériales et statistiques de l'urgence ont parfois donné lieu à une adoration quasi religieuse. Certains ont prêté aux seuils statistiques des vertus magiques, supposant qu'ils pourraient, une fois combinés aux bases de données et aux algorithmes, indiquer automatiquement la voie à suivre – de manière prétendument objective, transparente et apolitique (Beerli, 2017 ; Sandvik, 2023 ; Glasman & Lawson, 2023). Une fois cette chimère écartée, ces définitions fournissent de très bons outils pour penser les crises. Les organisations humanitaires combinent aujourd'hui les définitions managériales et statistiques de l'urgence dans des cadres communs. L'OCHA s'appuie désormais sur le *Joint and Intersectoral Analysis Framework*, qui combine un grand nombre d'indicateurs statistiques et de normes sectorielles[8]. Cet outil, comme d'autres[9], est l'aboutissement de longues années de négociations entre bailleurs de fonds et organisations humanitaires sur les définitions possibles de l'urgence. Il permet une lecture riche de la crise – à condition de ne pas oublier que l'urgence, tout comme la réponse qu'elle enclenche, est politique.

L'avenir de ce type d'outils est incertain. Jusqu'à présent, les démocraties libérales les avaient soutenus, du moins dans leurs discours (Fiori, Espada, Rigon, Taithe, 2021). En pratique, elles se sont toujours réservé un droit d'inventaire, appliquant les normes humanitaires lorsqu'elles leur semblaient utiles, les ignorant magistralement lors de leurs propres guerres (les États-Unis et l'Allemagne en Afghanistan, la France en Libye et au Sahel, etc.). Mais la montée d'un nouvel autoritarisme mondial remet en cause, encore plus brutalement, ces normes. Les pays occidentaux ont refusé d'appliquer aux migrants africains, aux Syriens ou aux Gazaouis les normes qu'ils avaient eux-mêmes établies (Neuman, 2024 ; Fassin, 2024).

8. OCHA, *Joint Intersectoral Analysis Framework*, Manuel Technique, Juillet 2024.

9. Un autre outil important est l'*Integrated Food Security Phase Classification* (Classification Intégrée des phases de sécurité alimentaire) qui classe les situations en cinq catégories, du vert au noir en passant par l'orange, l'orange foncé et le rouge, de la situation normale à la situation de famine.

Il devient de plus en plus difficile de prétendre s'appuyer sur des critères objectifs de définition de l'urgence alors que la négation de ces normes est au cœur de la communication de guerre. De plus, le nouveau gouvernement de Donald Trump a supprimé les financements des grandes organisations – notamment l'USAID – qui avaient joué un rôle clé dans le développement des normes humanitaires[10]. En faisant sienne la devise officieuse de la Silicon Valley – *go fast and break things* –, le gouvernement américain a peut-être sonné la fin de la quête d'un consensus humanitaire sur l'urgence.

Références bibliographiques

Beerli, M. J., « Legitimating Organizational Change through the Power of Quantification: Intra-Organizational Struggles and Data Deviations », *International Peacekeeping*, n° 24, vol. 5, 2017, p. 780–802.

Davey, E., Borton, J., Foley, M, *A History of the Humanitarian System: Western Origins and Foundations*, Overseas Development Institute, 2013.

10. Executive Order, *Reevaluating and Realigning United States Foreign Aid*, 20.01.2025. https://www.whitehouse.gov/presidential-actions/2025/01/reevaluating-and-realigning-united-states-foreign-aid/
Demirjian, Karoun, Kavi, Aishvarya, "Trump Administration to Lay Off Nearly All of U.S. Aid Agency's Staff", *The New York Times*, 6.02.2025. https://www.nytimes.com/2025/02/06/us/politics/usaid-job-cuts.html?smid=url-share

Dijkzeul, D., & Griesinger, D, « Ambivalent Humanitarian Crises and Complex Emergencies », *Oxford Research Encyclopedia of Politics*, 2020, p. 1-29.

Duffield, M., « Complex Emergencies and the Crisis of Developmentalism », *IDS Bulletin*, n° 25, p. 37-45.

Fassin, D., « The rhetoric of denial: Contribution to an archive of the debate about mass violence in gaza », *Journal of Genocide Research*, 2024, p. 1-7.

Fiori, J., Espada, F., Rigon, A., Taithe, B., & Zakaria, R. (dir.), *Amidst the Debris: Humanitarianism and the End of Liberal Order*, Hurst Publishers, 2021.

Glasman, J., *Humanitarianism and the Quantification of Human Needs : Minimal Humanity*, Éd. Routledge, 2020.

Glasman, J., & Lawson, B., «Ten things we know about humanitarian numbers », *Journal of Humanitarian Affairs*, vol. 5, n° 1, 2023, p. 1-10.

Glasman, J., *Petit manuel d'autodéfense à l'usage des volontaires : Les humanités humanitaires*, Éd. Les Belles Lettres, 2023.

Natsios, A.-S., « NGOs and the UN system in complex humanitarian emergencies: Conflict or cooperation? », *Third World Quarterly*, n° 16, vol. 3, 1995, p. 405–420.

Neuman, M., « Humanitaire et démocraties libérales », *AOC*, 10.04.2024. https://aoc.media/opinion/2024/04/09/humanitaire-et-democraties-liberales/

Väyrynen, R., « Complex Humanitarian Emergencies: Concepts and Issues », *in* Nafziger, W., Stewart, F., & Väyrynen, R. (dir.), *War, Hunger and Displacement. The Origins of Humanitarian Emergencies, vol. I: Analysis*, Oxford University Press, 2000, p. 43-89.

Sandvik, K. B., *Humanitarian extractivism*, Manchester University Press, 2023.

Urgence et priorités : choix politiques et médecine humanitaire depuis 1978

Bertrand Taithe

La médecine humanitaire est un domaine de recherche et d'enseignement récent. Bien entendu, les médecins de la Croix Rouge, les premiers soins et les pratiques épidémiologiques de ces mouvements, issus des premières conventions de Genève, ont une longue histoire. En effet, les traitements médicaux sont au cœur des politiques humanitaires depuis les origines mêmes de l'humanitarisme (Brauman, 2018 ; Corty, 2011). Notamment le soin des corps blessés, qui a longtemps justifié des interventions humanitaires, tout comme l'identification des blessés et l'envoi de messages et de colis aux prisonniers en temps de guerre (Taithe, 1999). En temps de paix, les sections de la Croix-Rouge formaient les secouristes et menaient des campagnes de santé publique. Cependant, ce n'est que récemment que la médecine humanitaire connaît une évolution normative partiellement fondée sur sa pratique de l'urgence.

Entre 1970 et 1980, les médecins et le personnel soignant se sont mobilisés au nom de nouveaux objectifs. Ce tournant constitue, pour certains, une riposte cinglante tant aux poncifs du *primary health care* qu'évoque la déclaration de l'organisation mondiale de la Santé à Alma Ata de 1978, qu'aux discours tiers-mondistes faisant l'apologie de régimes fuis par des marées de réfugiés (Davey, 2015). C'est ainsi que l'on voit apparaître en France, et rapidement à travers l'Europe, des acteurs nouveaux comme Médecins sans Frontières (MSF), Médecins du Monde ou Handicap ; *Concern*, *Samaritan Purse* ou *World Vision* (Fox, 2014 ; Redfield, 2005). Les acteurs médicaux font de l'urgence le fondement éthique de leur action, avant tout autre référence aux principes humanitaires.

La notion d'urgence fait partie d'une branche spécifique de la médecine hospitalière, dont le SAMU, et permet d'organiser depuis les années 1960 la projection d'équipes auprès des patients sur les sites d'accidents ou de désastres (Nemits et al., 2025). Alors que les évacuations, après stabilisation sommaire, dominaient la médecine militaire et celle de la Croix Rouge, les soins avancés impliquaient une plus grande technicité et une intervention plus complexe. À partir des années 1980, dans cette filiation directe entre SAMU et médecine humanitaire, les acteurs médicaux humanitaires ont revendiqué leur interprétation de l'urgence. L'urgence en tant que méthode pour sortir de l'urgence – pour reprendre la tautologie du fondateur de MSF et plus tard du SAMU social, Xavier Emmanuelli – se présente alors comme un programme politique, mais aussi comme une pratique clinique hors les murs (2016).

Les historiens et politologues, qui se sont penchés sur les discours politiques de l'urgence, ont noté une généalogie italo-française autour de Mario Bettati et Bernard Kouchner, liant l'urgence médicale, le droit d'ingérence et la *Responsibility to Protect* (R2P) formulée en 2005, et dont l'intervention militaire en Libye est un des rares exemples concrets (Allen, 2005 ; Staunton, 2018). Elle fait de l'urgence le fondement d'un état d'exception international, passant outre aux principes westphaliens de non-intervention dans les affaires internes des États. Mais il s'agit d'une version maximaliste et rare. Les termes de Carl Schmitt, sur la souveraineté de « celui qui décide de l'exception », ne s'appliquent que dans des circonstances exceptionnelles ou dans une interprétation moins littérale de la souveraineté (Nguyen, 2010). Cette généalogie s'éloigne des usages concrets de l'urgence dans la médecine humanitaire dont elle se réclamerait pourtant… Dans sa pratique et dans son contexte épistémique, nous pouvons comprendre l'urgence selon différents aspects et dans des contextes de négociations, d'arbitrage sur l'utilisation des ressources et de plaidoyer. Dans ce cadre, l'urgence est un formidable concept du fait de sa dimension temporelle (le présent absolu de l'intervention, sans grand futur et surtout sans passé ni histoire), sa dimension impérative, ses demandes de positionnement radical dans sa temporalité, ses dimensions « spatiales » entre horizontalité et verticalité et ses « dilemmes » face aux pathologies et au *mission creep*, cette dispersion entropique de l'aide face à des « besoins » inextinguibles.

L'urgence et la tension entre volontariat, travail moral et professionnalisation

La première dimension de l'urgence tient à la nature du travail humanitaire. Dans ses représentations (Brauman, 2021), l'urgence prime sur toute autre forme d'engagement. Elle implique un investissement tenant de la vocation religieuse et une prise de risque réelle, pouvant mener au *burn out* (Käpylä, 2014). Malgré la distance considérable entre l'imaginaire et une réalité souvent noyée dans les contingences administratives et bureaucratiques du *programming* et du *reporting*, le travail humanitaire est, comme le définit bien Anne-Meike Fechter (2016), avant tout un travail moral. C'est un labeur trouvant sa justification dans sa performance, plutôt que dans ses réalisations. Au pire, les organisations humanitaires, face à l'impossible, semblent se satisfaire de la mise en scène de l'aide, malgré ses limites évidentes, au risque de fatigue compassionnelle pour ceux qui s'y engagent (Taithe, 2018 ; 2019). La dimension utopique du travail humanitaire est donc à la fois assumée… et mal vécue. Seule une temporalité de l'urgence peut faire tampon entre espoirs inassouvissables et réalisations incomplètes.

Face à ces incohérences, le discours de la « professionnalisation », qui hante le travail humanitaire depuis le XIXe siècle, prend une dimension plus assumée à partir des années 1980 (Mosse, 2011). En France, Bioforce délivre ses formations à partir de 1986, le NOHA network de l'union européenne à partir de 1993, les universités aux USA à cette même période, Manchester à partir de 2008, le *Royal College of Surgeon* (Édimbourg) a une *Faculty of Remote, Rural and Humanitarian Healthcare* depuis 2018. Depuis 2005, les *Health Cluster* et, de façon plus militante depuis les années 2010, dans le cadre de l'OMS, les *Emergency Medical Teams* (EMT) créés à la suite du tremblement de terre de Haïti, traduisent un même désir de réponse aux demandes et aux exigences de l'urgence des séismes et catastrophes « naturelles » ou, plus récemment, des conflits. L'urgence, dans ce cadre professionnalisant, répond d'abord à un désir et à un discours de compétence et d'efficience, plutôt qu'aux modalités concrètes d'une mission. Le modèle initial des EMT était les équipes de sapeurs-pompiers envoyées sur les sites de tremblement de terre, dont on sait que, si elles incarnent la solidarité internationale, elles sauvent infiniment moins de vies que les secours improvisés sur place. Bien que très mobilisateurs, ces formations et ce type d'éducation prêtent souvent le flanc à la critique des choix contestables, parfois des faux-semblants et des illusions que l'urgence peut engendrer.

Triage

Pour ne reprendre que l'une de ces critiques, les dimensions de triage sont souvent l'objet de discussions politiques. Comme le montrent bien Guillaume Lachenal, Céline Lefève et Vinh Kim Nguyen (2014), ces choix décisifs dans l'urgence reflètent des options politiques et des préjugés sociaux dans l'*hubris* de l'action. Agir de façon décisive peut avoir des conséquences tragiques quand l'acteur fait preuve de solipsisme. Les options chirurgicales radicales sont alors privilégiées par rapport à des choix plus mesurés, qui prennent en compte les ressources avoisinantes. Ce fut une des grandes leçons de la crise des amputations en Haïti en 2010, mais cette leçon était ancienne.

Beaucoup moins sujettes à formation sont les normes qui hantent le système humanitaire dans son ensemble, qu'il s'agisse de la définition des seuils critiques de famine (Scott Smith, 2020), ou de la mesure des besoins (Glasman, 2019). Les seuils de mortalité des années 1980 ne correspondent plus aux sociétés du Sud. Le *Crude Mortality Rate* de 1 pour 10 000 par jour, pour dénoter une crise, est aujourd'hui un seuil dangereusement haut que les humanitaires peinent à modifier selon leur contexte. Les crises se prêtent mal aux recensements : franchir le seuil de la crise en l'absence de dénominateurs fiables devient alors plus impressionniste et l'énumérateur, c'est-à-dire le décompte partiel des victimes, pousse les humanitaires à faire des estimations hâtives et souvent erronées des urgences. Ce désir de mesurer les seuils de franchissement de la « normalité » à l'urgence, dans des contextes d'indigence médicale, est à la fois une fonction de cette professionnalisation de l'urgence et une vaine tentative pour fonder cette dernière sur un discours de la preuve.

Les dimensions de l'urgence

La médecine humanitaire, depuis son émergence comme champ épistémique de partage des savoirs et des pratiques, se vit selon la double temporalité d'une opposition entre médecine dite horizontale – de développement, de santé primaire – et médecine verticale – d'interventions focalisées sur le traitement d'une maladie, d'une urgence épidémique. Il s'agit d'une opposition un peu factice, dont les deux dimensions n'intègrent que mal les questions de temporalité ou d'action dans l'espace. Pour donner un exemple précis, l'urgence des soins aux réfugiés, comme sur la frontière cambodgienne en 1979, donna lieu à une mobilisation rapide et brutale – dans une certaine panique face à l'ampleur des arrivées et à l'état de santé très précaire des réfugiés. Dans la pratique médicale, une multitude de services vit le jour. Dans une seconde phase assez rapide, des protocoles de soins, des codes et des systèmes hospitaliers et de réhabilitation prirent place. Ces services, à leur tour, furent l'objet de développements logistiques visant à réguler et approvisionner l'accès aux médicaments. De nouvelles urgences apparurent face aux amputés victimes des mines antipersonnel, des victimes de violence sociales et de traumatismes psychiques (Taithe, 2016).

À la même époque, le régime socialiste de Siad Barre, en Somalie, menait une campagne de soins aux réfugiés de l'Ogaden. Fondée sur des prémisses entièrement différentes, elle était inspirée non pas d'une intervention d'acteurs externes, déployant dans l'espace et le temps une logistique emprunte de verticalité, mais d'une philosophie de soins primaires visant à équiper des acteurs communautaires dans une durée plus longue. Le *Refugee Health Unit* somalien produisait, lui aussi, des normes et des standards spécifiques pour réguler les acteurs de la santé (Heide, 1984). La septième pandémie de choléra, à partir de

1961, démontra les limites de l'interprétation des réponses humanitaires comme étant purement verticales. Dans les années 1970-1990, les épisodes de choléra frappèrent en particulier des populations déplacées. Dans bien des sites, les réponses humanitaires se firent dans l'urgence et dans l'esprit de porter des soins immédiats à une population qui faisait face à une surmortalité. Cependant, l'échec terrible de la réponse au choléra de Goma, en 1994, a valeur de contre-exemple avec ses 45 000 morts d'une maladie que, sur le papier, les humanitaires savaient pourtant bien traiter. Dans cette crise, les solutions ont toutes échoué en partie. La réhydratation orale (plutôt que par injections) aurait nécessité un support social et familial. Les traitements complexes de l'eau ne pouvaient pas délivrer les quantités requises et les solutions plus simples d'approvisionnement en eau de javel et en bidons plastiques ne semblaient pas suffire face à l'urgence. De plus, le choléra, objet d'un intérêt international, n'était alors qu'une épidémie parmi d'autres dans un contexte de guerre, une urgence définie comme telle surtout du fait de son ancrage culturel important dans les pays donateurs (Hamlin, 2012).

On retrouve aujourd'hui cette tension entre urgence épidémique et anxiété face aux besoins endémiques. La formule des cours de la faculté de Médecine de Paris des années 1930 en médecine coloniale, dramatisant les maladies endémiques en parlant de « grandes endémies » (Bado, 1996), faisait déjà le lien entre urgence et chronicité, entre médecine verticalisée et déserts médicaux. Au cœur de ce débat, s'ajoute le soupçon que toute urgence verticalisée tient du colonialisme et que, dans ces rapports de force, cette médecine de l'urgence répondant à une maladie fait peu cas des besoins plus variés des patients.

Urgence pathologique et urgence pharmaceutique : du VIH aux maladies non contagieuses, le temps long des traitements

La médecine humanitaire, depuis les années 1970, fait un lien entre des crises, des guerres, des épisodes qui ont souvent en commun une grande violence systémique et épisodique. L'identification de nouvelles maladies a eu lieu dans ce type de contextes, comme l'hépatite C dans les années 1980. Similairement, le VIH surgit dans des contextes humanitaires comme le Malawi avec une immense brutalité, quand un tiers des parturientes en 1991 sont identifiées comme porteuses (Iliffe, 2005). Plus récemment encore, le cas Ebola, devenu en 2014 « une menace internationale », est comparable.

On pourrait représenter le VIH comme la maladie transformatrice de l'humanitaire (Fassin, 2011), puisqu'elle apparaît au moment de la multiplication des ONG (O'Sullivan, 2021), et que son origine se révèle rapidement être au Sud : Haïti en premier lieu, le Congo en second. La brutalité de l'épidémie en Afrique, le peu de médicaments disponibles pendant les 20 premières années et surtout leur coût, ont mené les humanitaires, et MSF en particulier, à faire une campagne sur l'urgence pharmaceutique : celle de trouver de nouveaux traitements et de les rendre accessibles. En réalité, le VIH n'est que l'une des nombreuses maladies contre lesquelles les humanitaires manquent de traitement. La tuberculose résistante, la malaria qui cesse de répondre à la chloroquine, les maladies tropicales comme la trypanosomiase dont les traitements datent des années 1950, sont l'objet de campagnes pour la recherche sur les « maladies négligées ». En utilisant son prix Nobel de la paix de 1999, MSF lance la *Access Campaign*, puis fonde le *Drugs for Neglected Diseases Initiative* (DNDI) en 2003, qui développe dans une urgence pharmaceutique revendiquée des traitements contre la malaria, la trypanosomiase, la leishmaniose, la maladie de Chagas, la tuberculose infantile, etc. À la même époque, l'OMS développe un processus de préqualification des médicaments, des vaccins et des traitements, dans lequel les humanitaires jouent un rôle crucial. Cependant, dans le cadre humanitaire, l'urgence et le coût ne sont pas synonymes de compromis dans la précipitation. Le traitement de l'hépatite C montre bien que les acteurs humanitaires savent refuser un médicament bradé, l'Interféron, pour attendre un remède hors de prix, le Sofosbuvir, dont ils pourront faire usage une fois son prix négocié à un millième de son coût initial (Taithe, 2025).

Bien entendu, les épidémies brutales, les famines et les guerres continuent de jouer un rôle dominant dans le processus de détermination de l'urgence, au sein de la pratique humanitaire. Mais d'autres urgences peuvent être négociées par les humanitaires, les États et parfois, les associations de patients. Par exemple, l'hépatite C, maladie souvent iatrogénique, est une maladie lente qui se développe sur 20 ans. Faire face à cette maladie ne répond donc pas aux normes d'urgence épidémique aiguë, mais relève d'un temps long de la santé publique. Cependant, combinée à un traitement très efficace face à des taux de prévalence élevés dans des populations déplacées, comme pour les Rohingya de Cox Bazar, cette contamination peut être revendiquée comme une urgence. On retrouve donc ici ce rapport entre la capacité à agir, les axes de l'action et la temporalité : c'est parce qu'on peut guérir de l'Hépatite C que celle-ci va pouvoir revêtir la forme d'une urgence.

Les humanitaires font aujourd'hui face aux crises endémiques de maladies non contagieuses : le diabète, les maladies cardiaques, l'hypertension, le cancer. Ces dernières sont de plus en plus présentes au sein des populations déplacées, marginalisées, vulnérables, et reflètent à la fois la transition démographique mondiale et les sites plus récents de conflits comme en Syrie, au Soudan, en Ukraine et ailleurs. Dans ce cadre, l'urgence peut se déplacer sur des considérations logistiques : l'accès à l'insuline, le dépistage précoce des cancers du col de l'utérus ou du sein, l'accès à des médicaments de qualité.

En conclusion, tous ces choix et ces arbitrages relèvent d'une « logique du tri », sinon des pratiques du triage, parmi les multiples causes possibles et l'infini des souffrances pathologiques de sociétés en guerre, voire en *system failure* comme le Soudan et la Syrie. Les choix et la détermination des urgences créent les dynamiques spécifiques d'une action toujours négociée avec des autorités souveraines, mais qui peut souvent apparaître décorrélée des demandes locales. Sans tout à fait constituer la justification absolue d'un discours de l'exception, que les humanitaires sont incapables de défendre face à la puissance des États, l'urgence demeure la justification morale d'un labeur sisyphéen face à des souffrances toujours renouvelées.

Références bibliographiques :

ALLEN, T., STYAN, D., « A right to interfere? Bernard Kouchner and the new humanitarianism », *Journal of International Development*, vol. 12, n° 6, 2000, p. 825-842.

BADO, J.P., *Médecine coloniale et grandes endémies en Afrique 1900-1960*, Éd. Khartala, 1996.

BRAUMAN, R., *La médecine humanitaire*, Que sais-je ?, 2018.

BRAUMAN, R., *Penser dans l'urgence.* Éd. Seuil, 2021.

CORTY, J.-F., « La médecine humanitaire », *Humanitaire,* Enjeux, pratiques, débats, n° 30, 2011.

DAVEY, E., *Idealism beyond borders*, Cambridge University Press, 2015.

EMMANUELLI, X., L*es Enfants des Rues*, Éd. Odile Jacob, 2016.

FASSIN, D., *La Raison humanitaire*, Média Diffusion, 2015.

FECHTER, A-M., « Aid work as moral labour », *Critique of Anthropology*, n° 36, vol. 3, 2016, p. 228-243.

FOX, R. C., *Doctors without Borders*, Johns Hopkins University Press, 2014.

GLASMAN, J., *Humanitarianism and the quantification of human needs: Minimal humanity*, Éd. Routledge, 2019.

HAMLIN, C., « The Cholera stigma and the challenge of interdisciplinary epistemology: from Bengal to Haiti », *Science as Culture*, n° 21, vol. 4, 2012, p. 445-474.

HEIDE, L., *The Refugee Health Unit of the Somali Ministry of Health*, Éd. Helmut Buske Verlag Hamburg, 1984.

ILIFFE, J., *The African AIDS epidemic: A history*, Ohio University Press, 2005.

KÄPYLÄ, J., KENNEDY, D., « Cruel to Care? Investigating the Governance of Compassion in the Humanitarian Imaginary », *International Theory*, n° 6, vol. 2, 2014, p. 255-292.

LACHENAL, G., LEFÈVE, C., NGUYEN, V.-K., « Le triage en médecine, une routine d'exception », *Les cahiers du centre Georges Canguilhem*, vol. 6, n° 1, 2014, p. 1-25.

MOSSE, M., *Adventures in Aidland: The Anthropology of Professionals in International Development,* Éd. Berghahn Books, 2011.

NEMITZ, B., RIOU, B., « Histoire de l'enseignement de la médecine d'urgence en France », *Annales françaises de médecine d'urgence*, n° 14, vol. 1, 2025, p. 28-45.

NGUYEN, V.K., *The republic of therapy: Triage and sovereignty in West Africa's time of AIDS*, Duke University Press, 2010.

REDFIELD, P., « Doctors, Borders, and Life in Crisis », *Cultural anthropology*, n° 20, vol. 3, 2005, p. 328-361.

SCOTT SMITH, T., *On an Empty Stomach: Two Hundred Years of Hunger Relief*, Cornell University Press, 2020.

STAUNTON, E., « France and the responsibility to protect », *International Relations*, n° 32, vol. 3, 2018, p. 366-387.

TAITHE, B., *Defeated Flesh*, Manchester University Press, 1999.

TAITHE, B., « The Cradle of the New Humanitarian System? », *Contemporary European History*, n° 25, vol. 2, 2016, p. 335-358.

TAITHE, B., « Empathies, Soins et Compassions : Les Émotions humanitaires » *in* COURTINE, J-J., CORBIN, A., VIGARELLO, G., *Histoires des Émotions,* Éd. le Seuil, 2017, p. 364-81.

TAITHE, B., « Compassion Fatigue: the Changing Nature of Humanitarian Emotions » *in* MARTIN MORUNO, D., PICHEL, B., *Emotional Bodies: Studies in the historical performativity of Emotions*, University of Illinois Press, 2019, p. 242-62.

TAITHE, B., LE PAIH, M., « Making Hepatitis C history », *Social History of Medicine,* 2025.

VON PILAR, U., *My Sweet La Mancha,* MSF, 2025.

Vie et mort en zone rouge

Monique J. Beerli

L'action humanitaire est caractérisée par un paradoxe inévitable : l'impulsion de « faire vivre », c'est-à-dire de maintenir la vie biologique, ou bien de sauver des vies, ne peut jamais échapper à l'acte de laisser ou de « faire mourir ». Qu'il s'agisse de pratiques de triage dans le cadre d'opérations médicales (Redfield, 2008), de la catégorisation sélective de la souffrance et des besoins humains (Glasman, 2020), ou encore de l'absence d'opérations humanitaires dans les régions du monde qualifiées de trop dangereuses, l'action humanitaire implique une répartition inégale du pouvoir de sauver et d'être sauvé. Mettre en œuvre l'impératif de sauver des vies et de défendre la valeur universelle de la vie s'accompagne donc nécessairement d'une hiérarchisation des vies et génère des inégalités (Fassin, 2010).

Compte tenu de cette incontournable constante, il paraît impératif, au sens d'une obligation à la fois éthique et épistémique, de chercher à comprendre et à situer les pratiques – souvent subtiles, mais non moins insupportables – qui déterminent ainsi les destins des populations entre vivre et mourir, être soigné ou pas, être protégé ou sacrifié. Une telle tâche relève d'une interrogation sur les logiques sacrificielles qui définissent nos sociétés et qui sont à l'œuvre au cœur dudit ordre international libéral (Barnett, 2020). Nous nous focaliserons sur des pratiques sacrificielles, opérant actuellement dans le champ humanitaire, – défini au sens large comme l'espace social regroupant des acteurs individuels et collectifs, qui luttent symboliquement pour définir les moyens légitimes de sauver des vies et pour soulager la souffrance à l'échelle globale (Beerli, 2018). Il s'agit de nouvelles pratiques de gestion des risques de sécurité qui sont apparues, se sont institutionnalisées et se sont professionnalisées depuis les années 1990. Témoins d'attaques contre leurs personnels, leurs infrastructures et leurs opérations, les professionnels de l'humanitaire affirment que les zones de crise sont elles-mêmes en crise, car leur accès n'a jamais été aussi difficile qu'aujourd'hui. Face à cette perception d'une crise des crises, les organisations humanitaires internationales ont adopté de nouvelles méthodes pour évaluer et gérer les risques de sécurité sur le terrain.

Prenant nos distances avec ce discours de crise, nous souhaitons montrer comment les efforts pour sécuriser les opérations d'aide ont paradoxalement compromis l'impératif humanitaire de défendre l'humanité et d'alléger la souffrance là où elle se trouve. Notre propos, autrement dit, vise à expliquer en quoi l'intégration de l'urgence humanitaire, à un paradigme sécuritaire, conduit à une conception contradictoire de cette urgence, bien que celle-ci continue par ailleurs de constituer un motif central de l'engagement des acteurs[1], de sorte qu'on aboutit à une crise de l'humanitaire d'un tout autre type. Non pas une « crise » de sécurité et d'accès aux terrains, déplorée par les acteurs humanitaires, mais une profonde crise de sens, découlant de la réorganisation de l'humanité en fonction de ceux dont la vie vaut la peine d'être sauvée, ou non. Cette prise de distance avec le discours de crise, porté par les humanitaires, revient à opérer un geste dont l'enjeu est à la fois ontologique et épistémologique. Ce geste consiste à ne pas considérer la « crise » comme une réalité objective, mais plutôt comme une réalité relative et située, au sens où tout effort visant à saisir la politique mondiale de la vie et de la mort en temps de crise – y compris humanitaire – nous oblige à abandonner l'aspiration à rendre les crises objectivables et mesurables. Plutôt que d'évaluer l'ampleur des crises, il s'agira donc de poser des questions à la fois simples et critiques : Que signifie « crise » ? Crise de quoi ? Crise pour qui ? Notre objectif sera ainsi de « penser avec et contre des crises » (Roitman et al., 2019), notamment en

1. Cf. la contribution de Bertrand Taithe à ce volume.

démystifiant les effets de pouvoir au cœur des processus de « crisification ».

« Nous sommes labellisés zone rouge »

En janvier 2019, à l'Université de Nairobi, le Comité international de la Croix-Rouge, la Croix-Rouge kenyane, le Centre pour le climat de la Croix-Rouge et du Croissant-Rouge, ainsi que l'*Overseas Development Institute* coorganisent une table ronde sur la résilience des populations face aux conflits et aux menaces climatiques. Deux femmes montent sur scène, drapées de tissus à piques noires typiques du groupe ethnique des Massaï. Elles parlent des sécheresses qui touchent leur communauté, du défi que représente la vie en temps de crise climatique. Puis elles décrivent la vie dans des zones classées comme trop dangereuses par les organisations humanitaires, la vie dans les « zones rouges », aux limites de l'humanité : « Seules les organisations très courageuses viennent nous voir. Elles nous apportent des produits non alimentaires et parfois un peu de nourriture. [...] Même ces organisations courageuses ne restent pas. Elles disent que notre maison n'est pas en sécurité. Certaines des ONG qui nous aidaient ont fermé leurs portes. Nous sommes labellisés zone rouge. Ce peu d'aide n'atteint pas tout le monde et les pluies sont parties. [...] C'est mon histoire, mais c'est aussi l'histoire de millions de personnes comme moi. »

Cet acte de narration peut, certes, avoir pris la forme d'une performance dramatisée, mais il évoque une technologie de gouvernance désormais fondamentale dans la mise en œuvre des projets humanitaires : la gestion des risques de sécurité.

Professionnalisation de la gestion de la sécurité humanitaire

Depuis les années 1990, les organisations humanitaires ont transformé la manière dont elles agissent pour leur sécurité opérationnelle (Beerli & Weissman, 2016) – en modifiant leurs outils et leurs actions pour continuer d'opérer dans des contextes risqués, en protégeant personnel, biens et opérations. Le champ humanitaire a professionnalisé la sécurité, avec l'institutionnalisation progressive de postes d'experts, la standardisation et la circulation transnationale de bonnes pratiques, ainsi que l'intégration d'analyses des risques dans la conception des projets humanitaires (Beerli, 2018). Aujourd'hui, ces politiques de gestion de la sécurité sont même devenues un critère de professionnalisme (Beerli, 2025).

Si la sécurité, avant ce processus de professionnalisation, était appréhendée au cas par cas et à la discrétion des agents sur le terrain (Beerli & Weissman, 2016), on s'efforce désormais de la rendre « objective ». Pour ce faire, le recours à des bases de données recense les incidents annuels, comme dans le cadre de l'*Aid Worker Security Database*, et on se sert de matrices d'analyse des menaces, et ou encore de cartes de risque, catégorisant les espaces relativement à leur dangerosité (Jerrems & Lemay-Hébert, 2024). D'un point de vue fonctionnaliste, cette professionnalisation vise à réduire les incidents de sécurité ou au moins à mitiger leurs effets, en articulant protection du personnel et des infrastructures, d'une part, et accès aux populations à risque, de l'autre. Certaines études ont accepté l'idée d'une insécurité croissante et ont cherché à en expliquer les causes ; d'autres soulignent au contraire que les terrains humanitaires ont toujours été dangereux. Se distanciant du discours dominant qui postule une crise sécuritaire marquée par une hausse des attaques contre des humanitaires, une littérature plus critique a remis en question ce mythe (Dandoy & Pérouse de Montclos, 2013), en s'intéressant aux effets mêmes des pratiques sécuritaires (Duffield, 2010 ; Bradley, 2019).

Laisser sans protection au nom de l'humanité

Sans entrer dans une critique de l'efficacité des pratiques de gestion de la sécurité humanitaire, on peut souligner leurs effets paradoxaux. Elles ont progressivement introduit une nouvelle façon d'appréhender les « crises humanitaires » et de décider s'il faut agir. Alors que l'action humanitaire valorise précisément l'**action** et la présence, la gestion de la sécurité impose une nouvelle logique qui peut justifier l'**inaction** et l'absence. Les humanitaires voient le monde au prisme du besoin (Glasman, 2020) – ce qui les distingue des autres acteurs et légitime leur existence. En gage d'impartialité et d'universalité, ils prétendent intervenir selon les besoins seuls (Glasman, 2020) et atténuer la souffrance où qu'elle soit. Pourtant, l'analyse des risques sécuritaires, étape désormais incontournable en amont d'un projet ou lors d'un changement de contexte, ne sert pas qu'à identifier les menaces : elle révèle aussi le niveau de risque que des organisations sont prêtes à accepter pour remplir leur mission. Dès lors, les humanitaires organisent le monde non seulement selon les besoins des « populations vulnérables », mais selon leurs propres peurs et perceptions du danger. Contrairement aux zones vertes, les zones rouges – jugées trop dangereuses – deviennent des espaces interdits où l'inaction prévaut malgré les besoins, ou bien des espaces où le recours à la force devient acceptable. Si les humanitaires affirment toujours devoir aller là où nul ne va, leur retrait de ces zones rouges suggère une réalité autre.

En redéfinissant l'impératif humanitaire, les pratiques de sécurité instaurent des distinctions et des hiérarchies entre humains, reproduisant des inégalités au nom de l'humanité. Ainsi, les populations vivant au milieu des zones de crise ne sont plus exclusivement considérées comme étant des populations à risque, mais également comme constituant un risque pour le projet humanitaire. De plus, le personnel local se trouve souvent en première ligne de l'acheminement de l'aide et est donc plus exposé aux menaces, alors qu'en parallèle les organisations humanitaires internationales consacrent davantage de ressources à la protection de leur personnel international expatrié (Beerli & Weissman, 2016). Ce contraste contribue ainsi à une répartition inégale de la valeur des vies humaines et produit une « hiérarchie de l'humanité » (Fassin, 2010).

Crise de sécurité ou crise de l'humanitaire ?

À écouter les figures de l'humanitaire ou les voix de l'ordre international libéral, le monde d'aujourd'hui apparaît en crise : jamais autant de vies vulnérables, de déplacés, de nécessiteux ; jamais autant d'atteintes au droit international humanitaire, ni de mépris pour ceux qui portent secours. Mais au-delà de ces symptômes d'un ordre international en crise, cette étude invite à tourner le regard vers une crise plus discrète, plus insidieuse. Une crise profonde, qui a émergé de l'aspiration à protéger la gouvernance humanitaire globale et à sécuriser sa place dans un monde de souffrance ; car cette aspiration a paradoxalement approfondi la nature sacrificielle de l'action humanitaire – au détriment d'une réponse à l'urgence qui justifie pourtant cette action. Si l'impératif humanitaire s'est jadis fondé sur son ambition universelle de sauver des vies et de veiller à l'humanité, il se retire aujourd'hui des endroits du monde où nos « anges craignent de marcher » (Becker, 2025).

Références bibliographiques

Barnett, M., « COVID-19 and the Sacrificial International Order », *International Organization*, n° 74, vol. 1, 2020, p. 128-147.

Becker, S., *Where Angles Fear to Tread: The Memoir of a Humanitairan Aid Worker.*, Éd. Harper Collins, 2025.

Beerli, M. J., « Saving the Saviors: Security Practices and Professional Struggles in the Humanitarian Space », *International Political Sociology*, n° 12, vol. 1, 2018, p. 70-87.

Beerli, M. J., « Stairway to Heaven: Humanitarian NGOs, Distinction, and Hierarchies of Professionalism », *in Hierarchies and Exclusions in Humanitarianism*, Manchester University Press, 2025.

Beerli, M. J., & Weissman, F., « Suivez le guide ! Les manuels de sécurité et la mise en ordre autoritaire des organisations humanitaires », *in Secourir sans périr: La sécurité humanitaire à l'ère de la gestion des risques*, CNRS Éditions, 2016, p. 137-154.

Bradley, M., « All Lives Are Equal but Some Lives Are More Equal than Others: Staff Security and Civlian Protection in the Humanitairan Sector », *Journal of Humanitarian Affairs*, vol. 1 n°2, 2019, p. 13-22.

Dandoy, A., & Pérouse de Montclos, M.-A., « Humanitarian workers in peril? Deconstructing the myth of the new and growing threat to humanitarian workers », *Global Crime*, n° 14, vol. 4, 2013, p. 341-358.

Duffield, M., « Risk-Management and the Fortified Aid Compound: Everyday Life in Post-Interventionary Society », *Journal of Intervention and Statebuilding*, vol. 4, n° 4, 2010, p. 453-474.

Fassin, D., « Inequality of Lives, Hierarchies of Humanity: Moral Commitments and Ethical Dilemmas of Humanitarianism », *in In the Name of Humanity: The Government of Threat and Care*, Duke University Press, 2010, p. 238-255.

Glasman, J., *Humanitarianism and the Quantification of Human Needs: Minimal Humanity*. Éd. Routledge, 2020.

Harmer, A., Stoddard, A., & Haver, K. (dir), *Operational Security Management in Violent Environments*, seconde édition, n° 8, *Good Practice Review*, Overseas Development Institute, 2010.

Jerrems, A., & Lemay-Hébert, N., « Red-zoning: Spatial logics, the prototype and colour-coded cartographies of insecurity », *Security Dialogue*, n° 55, vol. 3, 2024, p. 311-327.

Redfield, P., « Sacrifice, Triage, and Global Humanitarianism », *in Humanitarianism in Question: Politics, Power, Ethics*, Cornell University Press, 2008, p. 196-214.

Roitman, J., Aguiton, S. A., Cabane, L., & Cornilleau, L., « *Anti-Crisis* : penser avec et contre les crises ? » *Critique internationale*, n° 85, vol. 4, 2019, p. 107-121.

Politique et éthique de la « crise des urgences », entre maltraitance systémique et dépossession

Philippe Ouvrard

Comment le système des urgences, de l'hôpital et du soin a-t-il pu entrer en crise ? Quelle est l'originalité de cette crise ? Les causes ou les raisons sont nombreuses : historiques, économiques, sociologiques, politiques, etc., variant selon les pays et les périodes. Mais on peut repérer deux principales logiques de son déclenchement et de sa persistance. C'est depuis ce diagnostic que l'on proposera des perspectives politiques et éthiques, avec l'espoir de sortir d'une telle crise.

Organiser l'hôpital sur le modèle managérial d'une entreprise

Une forme neuve d'organisation hospitalière et de soins s'est établie en France, selon des méthodes néomanagériales très idéologisées datant des années

1990 (Viallet, 2009), visant l'efficacité, la rentabilité, la gestion optimisée et le court terme. Leur nouveauté est d'individualiser les tâches, de mettre en concurrence les établissements et de rendre chaque agent transposable sur d'autres tâches (être à la fois chef de service hospitalier et gestionnaire, médecin et faire de la saisie informatique, etc.). Mais il s'agit aussi de casser les solidarités professionnelles, d'optimiser les temps de soin, de minimiser les coûts ou de maximiser la rentabilité – telles la T2A (Tarification À l'Acte) et la règle de réduction du nombre de lits en raison de leur coût. Censées être rationnelles et efficaces, ces tactiques ponctuelles et ces stratégies à moyen terme sont pourtant aveugles au sens de la situation. Les acteurs de chaque élément du système de soin (médecine rurale et de ville, Protection Maternelle et Infantile, cliniques, EHPAD, etc.) sont poussés à maximiser uniquement l'intérêt particulier de leur service ou de leur établissement, selon leur logique et leurs propres motifs, mais entrent en rivalité avec les autres qui se conduisent de la même façon. Or, ces lignes de rationalisation séparées ne peuvent s'agréger qu'absurdement : saturation de certains services, pénuries de médicaments ou de masques, clôtures de maternités de proximité… L'irrationalité émergente est produite rationnellement par tous, décidée comme telle par personne, quoique divers acteurs fassent le choix conscient d'y contribuer.

La source de la crise est ici le primat de la raison instrumentale, allant linéairement des causes aux conséquences et des moyens vers des objectifs, en stricts termes d'utilité. On s'interdit alors de penser, latéralement pour ainsi dire, en solidarité non utilitaire avec toute la société, et de référer les fins à des valeurs (bien commun, sollicitude…) ou à des normes (droit aux soins, à la liberté…). L'addition d'intérêts particuliers ne produit pas l'intérêt général, encore moins une volonté générale.

Gouvernance contre service public

La seconde raison de la crise des urgences est politique et concerne l'État social, non le management du système de soins. La crise semble être due, dans ce domaine, à une façon non citoyenne de construire la décision collective, que résument les concepts de gouvernance et de nouvelle gestion publique. Ses effets se propagent peu à peu dans l'État régalien (mairies, système fiscal, tribunaux, forces de l'ordre), comme dans les institutions de redistribution ou d'intervention de l'État social – jusqu'aux urgences hospitalières, de façon exacerbée.

Ce modèle du pilotage étatique par projet de l'action publique (Ogien & Laugier, 2010), orienté vers l'efficience, naît en France dès le milieu des années 1970. Il consiste, pour l'État, à envoyer des directives vers ses branches administratives ou institutionnelles, à mesurer ensuite leur efficacité et à corriger le tir par de nouvelles directives, tenant compte d'inefficacités mesurées lors des directives précédentes. La gouvernance (piloter domaine par domaine, évaluer, rectifier) sous-entend certes des valeurs d'arrière-plan. L'idéal désormais promu, contre les États-providence classiques (Suède, New Deal, Grande-Bretagne, France, etc.), consiste à, dit-on, « moderniser l'État », le rendre plus performant (efficace et efficient), « rationaliser l'action publique » : à « gouverner au résultat ». À l'instar de la Loi Organique relative aux Lois de Finances (LOLF), de nouvelles pratiques l'incarnent : fixer des objectifs chiffrés à atteindre, tout quantifier dans l'action publique, valoriser la « culture du résultat », remplacer la « logique de moyens » par la « logique de résultats », ne ratifier que les critères d'utilité, d'efficacité, d'optimisation, de rentabilité.

Dès lors, l'action étatique (placée ici aussi sous le règne quasi exclusif de la raison instrumentale, calculante, gestionnaire, stratégique) mute en changeant d'idéal politique. Au lieu d'engager un contrat social entre nous, on duplique à l'infini une gouvernance gestionnaire au-dessus de nous et sans nous, secteur par secteur, pilotage par pilotage, sans débats ni réflexions collectives sur ce choix de société. Or, choisir une gestion sans principes ne va pas de soi ni pour les libertés fondamentales ni pour la justice sociale. On sait, en effet, qu'il existe une tout autre rationalité que la raison calculante : la rationalité de sens que Kant nomme « raison pratique ». Elle consiste à réfléchir au sens de nos actes ; prendre pour objets les fins, normes et valeurs avant les moyens ; questionner ce que vaut universellement un projet et si ses raisons sont vraiment humainement souhaitables pour chacun.

Quoi qu'il en soit, de fait, cette gouvernance s'applique et se décide. En aval, vers l'application des décisions politiques, on pilote par projets (verticaux et descendants, tournés vers des résultats, selon la rationalité instrumentale, par un État devenu gestionnaire de flux). Mais en amont, dans la formation même de la volonté collective, les gouvernés-pilotés sont d'emblée court-circuités selon ce qu'Albert Ogien et Sandra Laugier nomment la « dépossession ». Au lieu que les citoyens soient auteurs, *a minima* coauteurs, des décisions qui les concernent (selon le principe de l'autonomie au sens de Rousseau et de Kant, par opposition à l'hétéronomie), la décision civique est bien plutôt verticalement confisquée en surplomb, soit par des experts, soit par les décideurs politiques. Ces deux confiscations à la source équivalent à une crise de la légitimation des États démocratiques actuels (Habermas, 1988). Soit le pouvoir rationalisé des experts s'exerce *via* l'administration d'État ; soit la volonté solitaire du décideur politique s'impose, soi-disant souverainement, sans rendre compte des raisons pour lesquelles les décisions sont prises, et sans débats pour les justifier. Une telle responsabilité-reddition de compte créerait pourtant une réelle « démocratie d'exercice », où le rapport gouvernés-gouvernants se poursuivrait entre deux moments électoraux « d'autorisation », et s'élargirait à « la totalité sociale en sa diversité » (Rosanvallon, 2017).

Or, il y a là deux dépossessions distinctes. Par l'une, on contourne la possibilité que les citoyens soient auteurs ou coauteurs, et non seulement destinataires, des décisions politiques qui les concernent. C'est une dépossession dans la citoyenneté. Mais par l'autre, ce sont les soignants qui sont assujettis à des décisions administratives prises sans eux et « loin du terrain », plus injustes et inefficaces que si elles avaient été coconstruites avec ceux qui connaissent les problèmes concrets, les solutions faisables ou non. C'est une dépossession dans la profession.

Pour ce faire, on accumule circulaires et pressions institutionnelles, sur lesquelles nous avons peu de prise, et au sein desquelles il faut pourtant bien agir professionnellement. Chacun est mis en souffrance, soignants comme soignés, par maltraitance systémique (mais non « systématique ») et institutionnelle (non au sens d'une maltraitance **de** l'institution, sciemment décidée et créée par elle, mais **dans et par** l'institution, se répandant peu à peu si on coopère à son mécanisme). Il n'y a là nulle nécessité, et nier toute possibilité d'y agir en tant que sujet serait dogmatique. Selon les cas, la maltraitance croît ou s'atténue, voire cesse ici ou là (ainsi, dans certains centres de soins palliatifs tout à fait remarquables). Mais le risque grandit si les moyens alloués à l'hôpital sont sévèrement réduits.

Sortir démocratiquement de la crise des urgences

Que faut-il alors faire ?

– Redonner en quelque façon des moyens à l'État social. Mais cela ne ferait que desserrer l'étau de la crise des urgences, sans réorientation.

– Simplifier l'excès réglementaire. Au lieu de piloter dans tous les détails, par d'innombrables circulaires, un unique parcours identique pour tous vers l'objectif politiquement désigné, mieux vaudrait au contraire fixer seulement quelques objectifs de service public à atteindre, précis et très contraignants (par exemple la lutte contre les déserts médicaux). Il s'agirait de laisser ensuite aux acteurs la liberté d'inventer des chemins variés pour y parvenir impérativement, sous réserve d'égalité entre les acteurs ainsi tous impliqués.

– Inverser les priorités comme le théorisent les philosophes de la justice sociale égalitaire (Rawls, Dworkin, Sen, etc.). Priorité au service public sur la gestion au résultat, à la justice sociale sur la performance dans l'État, aux droits fondamentaux sur la raison instrumentale.

– Permettre aux agents de l'État de devenir enfin acteurs des décisions dont ils dépendent, quant à la forme souhaitable du système de soins où ils ont à agir. Ils seront certes en désaccord. Toutefois, la démocratie ne part justement pas du consensus, mais de la divergence des convictions et du conflit des intérêts. En les instituant par des procédures permettant d'en débattre, elle fait émerger les décisions collectives, sur le mode d'une démocratie devenue délibérative comme contrat social indéfiniment entretenu (Blondiaux & Manin, 2021). Et celles-ci doivent toujours rester révisables sur le même mode, car toute décision et toute conviction sont, par principe, faillibles.

En somme, il faut tenir le cap d'un service public accessible à tous et justifiable par tous, et se repérer à la boussole des principes de la justice sociale.

Ne pas basculer dans la maltraitance institutionnelle

Éthiquement parlant, comment lutter contre le risque de maltraitance systémique, particulièrement aux urgences ? Par principe, l'agent d'un service public de soins est tenu de garantir la justice sociale sous condition d'égalité. En quel sens ?

On ne peut se limiter ici à l'égalité devant la loi, car le droit positif actuel d'un État donné peut parfois être injuste. Il faut donc exiger une égalité plus profonde que face à ce qui est légal, mais plutôt par fidélité à la promesse inépuisable que contient l'idée de droits de l'Homme, autrement dit sous condition d'une véritable égalité formelle des droits fondamentaux réciproques entre humains dans leur diversité. Ceux-ci, en effet, pensés comme promesse à tenir non préremplie, ne se réduisent pas aux discours idéologiques qui en instrumentalisent le thème (colonialisme d'assimilation, arrogance paternaliste occidentalo-centrée, politique de puissance, etc.), et ne régressent pas non plus vers l'ancien pseudo-humanisme de surplomb de type essentialiste, fondé sur une métaphysique de la prétendue nature humaine (Renaut, 2009 ; Policar, 2021).

Cette égalité est même à exiger entre nationaux et étrangers, exilés de leur pays, puisque le fait d'être étranger est dû au seul hasard de la naissance. La crise des urgences chez nous ne saurait servir de prétexte pour rendre les étrangers victimes de ce qui est déjà pour tous l'arbitraire de la naissance. Ainsi, n'agir qu'au nom de l'égalité devant la loi entre nationaux est à la fois trop superficiel et trop étroit. Trop superficiel car l'identité nationale, purement contingente, ne résume pas nos existences, tous les patients étant d'abord semblables en simple humanité (Legros, 1999 ; 2014). Trop étroit car nationalement clos et potentiellement xénophobe, au lieu d'être implicitement universellement inclusif. L'universelle similitude humaine fondamentale, réellement éprouvée entre nous et pourtant infigurable, n'est ni naturelle (réductible à la similitude biologique et spéciste des corps entre individus de même espèce), ni culturelle (fermée sur une communauté), ni métaphysique (assignable à une définition immuable de l'homme en soi). Mais il faut encore, en une troisième forme d'égalité au sens de la justice sociale, faire valoir en tant que soignant l'idéal d'égalité socio-économique et d'égalité des chances d'accès au système de soins, aux perspectives d'une vie en bonne santé, etc.

Toutefois, ce double idéal inconditionnel d'égalité dans la diversité (d'égale liberté pour tous et de justice sociale), peut être pensé selon deux sens du mot « égalité », clairement distingués par Ronald Dworkin (1995). Ils ne renvoient pas à ses objets (égalité de quoi ? Droits, chances, conditions…), mais à sa modalité (égalité comment ?). Au premier sens, « le droit des individus à **un traitement égal** », revient à donner la même chose à tous. On exigerait alors une égalité entre des parts et finalement entre des choses. Mais au second sens, « le droit pour chacun d'**être traité comme un égal** » revient à traiter chacun avec égale considération et égal respect. On exige cette fois une égalité entre les personnes à qui on distribue les parts. Traiter comme un égal est le vrai sens du mot « égalité ». L'autre acception (le traitement égal) équivaut à l'égalitarisme.

On retrouve là une idée kantienne : « Ce qui est au-dessus de tout prix, et par conséquent n'admet nul équivalent, c'est ce qui possède une dignité. » (*Fondation de la métaphysique des mœurs*, 1785.) Et comme seules les personnes sont dans ce cas, elles doivent en ce sens toujours avoir la priorité sur les choses, donc sur les parts à partager. Le droit de propriété ou les questions de budgets sont ainsi secondaires vis-à-vis du droit inconditionnel des personnes à leur liberté, leur dignité et leur intégrité.

De fait, traiter chacun comme un égal requiert d'agir envers chaque malade, ou bénéficiaire de soins sociaux ou psychologiques, avec la même considération, dans les mêmes conditions et selon les mêmes procédures. La relation de soin et les institutions de soins ont ainsi la responsabilité de garantir l'égalité au sens d'égal respect et d'égale attention institutionnelle, de la part des soignants comme de celle des établissements.

L'effet à espérer est que chacun soit le plus possible reconnu, pris en considération, pour ce qu'il est (son existence en tant que personne) et pour ce qu'il vit (ce qu'il fait ou endure dans sa souffrance et son besoin de soins). Certes, matériellement, c'est bien peu, quand on subit les dysfonctionnements du système de soins. Mais relationnellement, humainement, être reconnu comme sujet dans son existence et dans sa valeur, est à chaque fois sans prix pour la personne soignée. Toutefois, la reconnaissance ne sera moralement légitime et démocratiquement acceptable que pratiquée sous horizon d'égalité de principe entre nous tous, entre les genres, entre nationaux et étrangers, entre tranches d'âge, par rapport aux handicaps…

On objectera que l'humaine égalité est vaine en cas d'intense pression, comme lors de la pandémie de Covid-19, où ladite « sécurité sanitaire » a servi d'argument pour imposer une sélection des patients aux urgences[1]. La réponse des soignants eux-mêmes a pourtant bien été de faire valoir l'égale dignité de tous les humains : aucun patient ne devrait jamais être écarté. Les soignants le savent bien : on n'aurait jamais dû demander « Comment trier ? », mais « Comment parvenir à **ne pas** trier ? ». Qu'un tel tri ait néanmoins scandaleusement eu lieu résulte donc le plus souvent, non des choix des soignants sur le plan éthique, mais de la décision **politique** préalable de faire primer à tort la « sécurité sanitaire » sur la dignité.

Reste qu'il faut distinguer entre sélectionner (donc exclure) et proportionner les soins à la gravité des pathologies (en incluant tous les patients).

1. Sur le problème d'un tel « tri », cf. la contribution de Sylvie Morel à ce volume.

Seule cette classique priorité des cas les plus graves sur les moins graves est moralement légitime. Certes, l'égalité n'est alors pas de type arithmétique entre deux termes, mais proportionnelle de type géométrique entre deux rapports, celle qu'Aristote avait déjà identifiée au livre V de l'*Éthique à Nicomaque* comme règle de la justice distributive (où le juste est le proportionné) en opposition à la justice commutative (où le juste est l'égalité stricte).

Quant à la manière d'agir chez l'agent moral, au moins deux attitudes éthiques paraissent s'imposer. La première, évidente, est de ne pas se laisser accaparer par les protocoles ou les délais dans une semi-indifférence aux personnes. Un effort est toujours requis pour donner un sens de relation humaine aux gestes et aux actes que l'on choisit d'adopter. Mais il doit pouvoir s'appuyer, en second lieu, sur une capacité relationnelle intérieure d'empathie, qui à la fois amène à s'envisager soi-même dans la situation où l'autre se trouve et contribue à faire exister autrui comme sujet de soin. Cette imagination morale (Chavel, 2012) se travaille, cependant, et on peut s'y former. Imaginer au conditionnel la réversibilité des positions entre nous-mêmes (soignants) et autrui (soignés) fait comprendre l'égale dignité, dans une relation intersubjective Je-Tu, ou Nous-Vous, en deuxième personne : ce qui lui arrive aurait pu nous arriver aussi.

Au-delà des pistes déjà indiquées, on peut mobiliser quelques ressources collectives, d'ores et déjà, disponibles. Celles, d'abord, des besoins communs à long terme pour tous (d'une mortalité infantile qui n'augmenterait pas, d'une main-d'œuvre en meilleure santé, d'une capacité hospitalière de résister aux futures épidémies…). L'intérêt bien compris laisse espérer un attachement à un système de soins accessible à tous par lequel les chances de vie en bonne santé seraient socialement augmentées. Celles, ensuite, de l'État de droit, dont le fragile équilibre, aisément attaqué, est à entretenir avec toute la vigilance démocratique possible et que l'on doit surtout faire progresser en conquérant de nouveaux contre-pouvoirs et de nouveaux droits. Celles, enfin, d'une formation éthique approfondie de tous les soignants, voire d'une éducation à l'empathie pour tous. Le reste est affaire de choix de société : celui du service public et de la justice sociale. C'est aux citoyens qu'il revient de ne pas s'en laisser déposséder.

Références bibliographiques :

BLONDIAUX, L., MANIN, B., *Le tournant délibératif de la démocratie*, Presses de Sciences Po, 2021.

CHAVEL, S., *Se mettre à la place d'autrui : l'imagination morale*, PUR, 2012.

DWORKIN, R., *Prendre les droits au sérieux*, PUF, 1995, chap. IX.

HABERMAS, J., *Raison et légitimité,* Éd. Payot, 1988.

KANT, E., *Fondation de la métaphysique des mœurs*, GF.

LEGROS, R., *L'avènement de la démocratie*, Éd. Grasset, coll. Le collège de philosophie, 1999, II, p. 131-214.

LEGROS, R., *L'humanité éprouvée*, Classiques Garnier, 2014, I et II, p. 13-280.

OGIEN, A., & LAUGIER, S., *Pourquoi désobéir en démocratie ?* Éd. La Découverte, Paris, 2010.

POLICAR, A., *L'Universalisme en procès*, Éd. Le Bord de l'eau, 2021.

RENAUT, A., *Humanisme de la diversité, Essai sur la décolonisation des identités,* Éd. Flammarion, 2009.

ROSANVALLON, P., *Le bon gouvernement*, Éd. Seuil, 2015, rééd. coll. Points essais, 2017, p. 269-274.

VIALLET, J.-R., (réalisateur), (2009), *La mise à mort du travail*, [documentaire], Yami 2.

Temporalité éthique contre urgence permanente

Patrice Poingt

La démarche éthique exige une temporalité lente avant toute mise en œuvre décisionnelle : maturation de la réflexion, pondération des principes, clarification des valeurs, précision des enjeux. Cette temporalité est d'autant plus lente qu'elle doit permettre la discussion et laisser s'exprimer les tensions entre les opinions.

Or, l'urgence, par définition, court-circuite ces procédures lentes pour laisser place aux décisions les plus rapides et efficaces possibles. Mieux : elle s'appuie nécessairement sur des procédures déjà rodées, qu'il s'agit de mettre en œuvre et d'adapter à la situation exigeant l'urgence. L'éthique ne pourra donc être, elle aussi, que préalable et offrir un cadre pré-décisionnel en vue des décisions à venir, appelé à évoluer grâce à une réflexion post-décisionnelle. C'est toute la problématique de la démarche éthique dans le cadre des urgences médicales qui s'impose ici.

On constate aujourd'hui que la notion d'urgence envahit tous les domaines de l'action. Longtemps cantonnée au domaine médical (« les urgences »), elle est devenue aujourd'hui le mode de régulation normal des entreprises : l'instantanéité de la communication rend possible une réactivité conçue dès lors comme un fonctionnement normatif. Les processus décisionnels exigent des réponses immédiates et un raccourcissement des délais de réflexion. Et c'est ce modèle de gestion qui tend à s'imposer dans la vie de chacun comme standard de réactivité. Le flux continu des informations, des mails, des messages instantanés exige une mobilisation constante, tant dans la sphère professionnelle que privée.

Le dispositif éthique des urgences (médicales) est-il alors transférable à une existence qui se vivrait tout entière sur le mode de l'urgence ? Il s'agit de voir si l'éthique admet une nouvelle forme de temporalité que celle qui la sous-tend généralement.

Structure de la temporalité dans le domaine de l'éthique et de la morale

Bien que nous ayons d'emblée utilisé l'expression englobante de « démarche éthique », communément mobilisée aujourd'hui, on pourrait adopter la distinction entre « éthique » et « morale » proposée par Paul Ricœur : « Je réserverai le terme d'éthique pour la *visée* d'une vie accomplie et celui de morale pour l'articulation de cette visée dans des *normes* caractérisées à la fois par la prétention à l'universalité et par un effet de contrainte » (1990)[1]. Le terme « éthique » aurait alors une double acception et signifierait, d'une part, la visée d'une vie bonne et, d'autre part, la réflexion sur les normes morales (quand on parle, par exemple, de bioéthique). Le terme « morale », quant à lui, désignerait le respect de la norme dans une perspective kantienne. Cette distinction a l'avantage de mettre au jour une différence dans la structure de la temporalité : la temporalité de l'éthique n'est pas celle de la morale.

La visée d'une vie bonne ou d'une vie réussie peut être comprise comme un travail sur soi : « voilà le genre d'individu que je cherche à être ». L'éthique vient du mot grec *êthos* qui désigne le caractère, la manière d'être, la disposition. Dans la tradition antique, il s'agit de l'acquisition de « vertus ». Être éthique, être quelqu'un de bien, c'est manifester des vertus : être juste, posséder du discernement, être tempérant, être courageux – pour ne citer que les plus communes. Or, ces vertus sont cultivées, au sens où c'est en s'habituant à les vivre qu'elles tendent, à force d'exercice, à devenir une seconde nature. L'éthique, en ce sens traditionnel, suppose une temporalité

1. Une telle distinction est contestée par les tenants d'une éthique minimaliste (Ogien, 2007, p. 16).

longue. Un tel travail sur soi ne peut être que lent, patient, répétitif. On n'acquiert pas une disposition dans l'instant mais par la force de l'habitude. Et même si une conduite éthique apparaît spontanée, elle n'a rien de mécanique : elle est aussi une capacité à agir de façon réfléchie.

L'autre sens du mot éthique est la réflexion sur les normes morales. En l'absence de repères clairs pour guider l'action, quand il est nécessaire de s'arrêter pour penser les valeurs susceptibles d'éclairer une décision, la réflexion éthique s'impose. L'éthique se comprend alors comme une discussion qui fait droit aux points de vue possibles et les confronte. Elle n'existe que dans la dimension plurielle et ne se réduit pas seulement à un affrontement d'opinions contradictoires. Elle suppose la capacité de chacun à se décentrer, grâce à un mode de raisonnement qui n'impose pas de point de vue. Le Comité Consultatif National d'Éthique (CCNE), créé en 1983 en France, incarne cette pratique de la réflexion éthique. Il se saisit – ou est saisi – de problèmes, dont les enjeux moraux n'ont pas encore de solution dans la tradition morale, parce qu'ils sont nouveaux ou sont envisagés de façon nouvelle. Là encore, il faut savoir prendre son temps : que les arguments mûrissent, qu'ils soient compris, intériorisés, que la pertinence des différents points de vue soit éprouvée, que les positions puissent bouger dans le jeu de la confrontation. Il s'agit de penser des valeurs et pas de trouver le moyen d'atteindre une fin : le temps de la réflexion éthique n'est pas celui de la raison instrumentale.

Venons-en à la morale. Il s'agit de l'ensemble des règles définissant ce qu'il est bien ou mal de faire. Ainsi, toute morale recense les obligations et les interdits. Le décalogue qui énonce ce qu'il faut faire – par exemple : « tu honoreras ton père et ta mère » (4e commandement) – et ce qu'il ne faut pas faire – par exemple : « tu ne tueras point » (5e commandement) – est un modèle traditionnel de morale dans l'aire de civilisation judéo-chrétienne. Ces règles sont supposées être connues et pas à rechercher. L'enjeu ne relève pas de la réflexion mais de l'exécution (suivre la règle). En ce sens, la temporalité n'intervient pas : dans l'urgence de l'action, je sais toujours déjà ce qu'il est bien de faire. Même dans une perspective kantienne où la règle ne préexiste pas, mais est instituée par l'agent, l'universalisation de la maxime ne requiert pas, à proprement parler, un temps de réflexion. La seule situation où la temporalité intervient est le dilemme moral ou cas de conscience. Il ne s'agit pas alors de trouver des valeurs (réflexion éthique) mais de découvrir la règle convenant au cas envisagé. Le temps est alors celui de la résolution du conflit.

L'inévitable restructuration temporelle de l'éthique et de la morale dans le cadre de la médecine d'urgence

Quelle est l'articulation de la temporalité propre à la démarche éthique ou au dilemme moral avec celle de la médecine d'urgence ? Par définition, l'urgence exige une saisie rapide et synthétique d'une situation inévitablement complexe et une prise de décision dans les délais les plus brefs. Ce qui urge est ce qui fait pression, pour que le processus d'exécution soit réduit au maximum. Dans l'urgence, c'est le temps qui fait défaut et qui est compté. Il faut collecter les informations, comprendre le contexte, identifier les enjeux, anticiper les conséquences des différentes actions envisageables et prendre une décision, c'est-à-dire suivre une procédure, mais dans des délais qui ne permettent pas de laisser du temps à la réflexion.

Avant tout autre chose, il faut distinguer urgence médicale et médecine d'urgence. « Est urgent en médecine, ce qui n'est pas programmé » (Valette, 2013) : non seulement, par le raccourcissement drastique des délais, l'urgence en médecine a sa propre temporalité, mais elle bouleverse l'organisation habituelle et demande que l'imprévu soit pris en charge. Cette réorganisation doit obéir à un ordre de priorité : la hiérarchie des urgences s'impose. C'est donc pour éviter la désorganisation et la déprogrammation que l'urgence devient un service spécifique : la médecine dans l'urgence devient la médecine des Urgences. Toutefois, bien que l'urgence puisse devenir une spécialité, cela n'ôte en rien la différence de temporalités entre une médecine programmée et une médecine d'urgence. Peut-on avoir encore une démarche éthique quand la pression des délais paraît court-circuiter le temps nécessaire à la réflexion ?

Quand bien même elle ait à gérer, par définition, de l'imprévu, la médecine d'urgence met en place des procédures. Ces dernières relèvent de la technique médicale, aussi bien pour la logistique globale, que pour les gestes médicaux essentiels à mettre en œuvre. Elles s'appuient sur les expériences passées de la profession consignées dans une littérature qui permet de penser ces données. On distingue donc le décisionnel (les décisions prises « à chaud »), du pré-décisionnel (l'anticipation des procédures à mettre en œuvre dans les différents cas de figure connus) et le post-décisionnel (les leçons tirées des expériences passées). L'éthique n'échappe pas à ce schéma.

La distinction que nous avons opérée entre éthique et morale fait de la morale une simple application de règles – règles auxquelles l'éthique se doit de réfléchir. On peut donc penser que la conduite morale en situation d'urgence doit être accompagnée d'une réflexion post-décisionnelle permettant d'établir des garde-fous lors de la mise au point de procédures pré-décisionnelles.

Dans son ouvrage sur la décision médicale, Pierre Le Coz (2007) reprend les quatre principes de l'éthique nord-américaine – respect de l'autonomie, non-malfaisance, bienfaisance et justice – mais les distribue dans un autre ordre. La justice, qui de principe devient sentiment, est fondatrice. C'est en effet le sentiment de révolte contre l'injustice qui est à l'origine de la plainte du patient (« pourquoi est-ce à moi que ça arrive ? »), et c'est cette exigence de justice que le soignant reprend à son compte en s'efforçant d'adopter une juste conduite, de trouver les paroles **justes** afin de mettre en œuvre une décision juste. C'est donc la volonté de « faire justice » qui préside à la relation de soin. Et c'est elle qui fonde les trois autres principes.

Le choix du principe – bienfaisance, non-malfaisance, respect de l'autonomie – dépend du contexte. Si le malade est inconscient, c'est la non-malfaisance qui prévaut avec la bienfaisance pour horizon. Si le malade est conscient et en état de prendre une décision pour lui, c'est le respect de l'autonomie qui s'impose. Toutefois, il ne s'agit pas de se demander abstraitement sur quel principe fonder sa décision pour qu'elle soit éthique. Nous disposons tous, dit Le Coz, d'un système d'alerte qui nous sensibilise aux valeurs. Ce sont nos réactions affectives – nos émotions – qui nous donnent accès aux valeurs. Ainsi, le sentiment d'injustice exige d'établir la justice et c'est pourquoi celle-ci est à la fois valeur et volonté de fondation de son principe. De même, la compassion qui nous sensibilise à la vulnérabilité d'autrui, la crainte face au préjudice que nous pourrions causer, l'angoisse suscitée par le conflit entre des règles concurrentes, sont autant d'émotions qui opèrent dans notre attachement aux normes morales.

Toutefois, le risque de l'émotion est d'abolir toute distance critique, et c'est là, insiste Pierre Le Coz, que se situe le moment philosophique de la décision médicale. C'est le rôle de l'analyse rétrospective (moment post-décisionnel) de suspendre la dimension anxiogène des émotions, de façon à cultiver une prudence dont le but est d'instaurer une disposition pré-décisionnelle. Cette dernière est, en effet, essentielle dans le feu de l'action. Cette prudence (la *phronēsis* aristotélicienne) qui s'élabore après coup ne doit pas être le fait de l'individu solitaire, mais suppose une délibération collective. Quand bien même, dans le processus qui s'ensuivra, elle sera intériorisée par chaque soignant dans sa pratique.

Ainsi, si par définition, la médecine d'urgence n'est pas en mesure de suspendre le cours de l'action pour s'adonner à une réflexion éthique, elle ne dispose pas moins des ressources nécessaires pour cadrer moralement son exercice. On retrouve ici la thèse de Ricœur selon laquelle « lorsque la norme conduit à des impasses pratiques », il est nécessaire de recourir à la visée éthique : « l'éthique en ce sens envelopperait la morale » (1990). Il se réfère alors lui aussi à la notion aristotélicienne de sagesse pratique.

Les conséquences de l'idéologie de l'urgence sur la temporalité de l'éthique

Quittons maintenant le domaine de la médecine d'urgence pour développer une réflexion plus large sur ce que l'on pourrait appeler « l'idéologie contemporaine de l'urgence ». L'accélération des processus de communication, la mise au point d'arbres décisionnels, la globalisation des lieux de production et la rationalisation des chaînes logistiques, ont permis de raccourcir le temps séparant la décision de son effectuation. L'illusion d'une quasi-immédiateté semble s'imposer dans le domaine économique, ce qui a un impact aussi bien sur la distribution des biens que sur l'état d'esprit des consommateurs. Tout porte à croire qu'entre le désir et sa satisfaction, la patience n'a plus lieu d'être. Les décisions n'ont plus à être longuement mûries, elles peuvent et doivent être rapidement prises et tout aussi rapidement exécutées. Ce sont alors, pour les entreprises, la vitesse, la réactivité, la rapidité de décision qui sont aujourd'hui les vertus dominantes. L'acuité de la compétition économique paraît exiger cette disposition à tout envisager en termes d'urgence. Et ce modèle de gestion paraît envahir tous les domaines – y compris la vie privée.

Peut-on appliquer l'analyse du temps éthique dans la médecine d'urgence à cette configuration nouvelle d'une urgence généralisée, permanente, et montrer que la dimension éthique peut demeurer dans le cadre même de l'accélération propre à cette idéologie ?

L'urgence, en médecine, se laisse circonscrire : il s'agit toujours d'un cas, d'un ensemble de cas ou d'une situation. Même quand elle devient spécialisation, la médecine d'urgence traite de situations que l'on peut délimiter avec un avant et un après. La réflexion post-décisionnelle n'est pertinente que parce que l'après permet cette réflexion rétrospective. Mais si l'urgence est permanente et tend à devenir un processus perpétuel, il n'est plus possible de s'arrêter pour réfléchir. Le temps de l'éthique est éludé.

L'urgence n'a de sens que sur fond de temporalité lente. C'est parce que la norme relève de processus qui laissent le temps de la réflexion et de la maturation que l'urgence peut apparaître comme une exception. Mais quand l'urgence permanente devient la norme, c'est la temporalité qui s'en trouve intégralement modifiée. Le temps de l'urgence se focalise sur la brièveté du délai entre présent et futur proche. L'action doit être exécutée de façon accélérée pour atteindre son but avec la même efficacité que si le délai avait été plus long. Sont donc valorisées la dextérité, la fluidité de la coordination, la maîtrise des procédures. En revanche, la réflexion sur la finalité de l'action ne peut relever de l'urgence elle-même. La rationalité mobilisée est celle de la raison instrumentale et non de la raison réflexive. Or, seule la raison réflexive permet de penser le sens de l'action.

On aurait pu penser qu'une telle généralisation de l'urgence relevait d'une modernité adossée à ce que Jean-François Lyotard nommait « les grands récits » (1979 ; 1988). En effet, le grand récit se concevait dans un cadre temporel long à horizon eschatologique – que le millénarisme soit politique (émancipation du citoyen, société sans classe, etc.) ou religieux. Toute action pouvait s'insérer dans une stratégie à long terme et son sens découlait de la finalité du processus historique. Seuls des enjeux tactiques justifiaient des décisions à prendre dans l'urgence. La multiplication des décisions urgentes n'aurait pas entraîné de déperdition de sens. Mais l'idéologie de l'urgence – et son pendant, la rhétorique de l'urgence – caractérise bien plutôt la postmodernité, c'est-à-dire la fin des grands récits. Cette absence de temps long équivaut à une absence de transcendance et donc de sens. Le temps présent n'est pas le moyen d'édifier un projet à long terme. L'horizon se réduit à un futur immédiat, qui s'assujettit un présent qui n'est plus le temps de la réflexion mais de la décision. Évacuer la temporalité lente, c'est considérer que la fin va toujours de soi et se contenter de la gestion des moyens. Or, toute réflexion sur la fin entraîne une suspension de l'action. Certes, « les actions de la vie ne souffrent souvent aucun délai » (Descartes, *Discours de la méthode*, III), mais la morale ne peut se contenter d'être éternellement provisoire. L'urgence ne peut être pensée qu'à condition de ne pas être permanente – sans quoi l'action elle-même ne saurait avoir de sens.

On pourrait conclure ces quelques réflexions sur les enjeux éthiques de l'urgence par le fait que tout se joue sur les régimes de temporalité. Si le temps nécessaire à la réflexion éthique n'est pas compatible avec la pression de l'urgence, il est impératif de se donner, en dehors de ces moments de pression, des temps de respiration éthique. Mais un tel impératif devient vain si l'urgence est perpétuelle.

Par ailleurs, cette urgence perpétuelle pourrait conduire à une forme de dépossession de soi (Haroche, 2018). Sauf à considérer l'intériorité comme un mythe, la difficulté à se stabiliser sur une zone de repli du fait d'une alerte continue et de la nécessité à toujours être réactif pourrait affecter le processus de subjectivation. À moins d'imaginer un autre mode de subjectivation.

Références bibliographiques

HAROCHE, C., « Le devenir de l'intériorité dans l'accélération contemporaine », *in* FIAT, E., & VALMALETTE, J.-C. (dir.), *Le devenir de l'intériorité… à l'ère des nouvelles technologies*, Éd. Le bord de l'eau, 2018.

LE COZ, P., *Petit traité de la décision médicale*, Éd. Seuil, 2007.

LYOTARD, J.F., *La condition postmoderne*, Éd. Minuit, 1979.

LYOTARD, J.F., *Le Postmoderne expliqué aux enfants*, Éd. Galilée, 1988.

OGIEN, R., *L'éthique aujourd'hui*, Éd. Gallimard, coll. folio essais, 2007.

RICŒUR, P., *Soi-même comme un autre*, Éd. Seuil, 1990.

VALETTE, P., *Éthique de l'urgence, urgence de l'éthique*, PUF, 2013.

Urgences et tri en temps de crise sanitaire

Sylvie Morel

« Nous sommes en guerre », annonçait le Président français le 17 mars 2020 (*Le Monde*). Dès les premiers jours de la « crise sanitaire », la rhétorique guerrière a dominé le discours politique pour qualifier la lutte contre le virus Covid-19. Reprise comme une évidence par les journalistes, les ministres et autres « experts », elle a constitué la prémisse à partir de laquelle les autres discours se sont organisés. À titre d'illustration, l'« héroïsation » du personnel soignant s'est très vite imposée, tandis que la population était encouragée à applaudir chaque soir ses « héros » (Clause-Verdreau & Weil-Dubuc, 2020 ; Crozier, 2022). L'usage de cette rhétorique était certes très important pour la majorité des soignantes et soignants qui devaient faire face au virus, aux personnes malades, à leurs inquiétudes et à celles de leurs proches. Toutefois, cette rhétorique était à double tranchant car elle a aussi eu pour effet de normaliser leur « sacrifice » au nom d'un nouvel impératif politique : « sauver des vies ». Parallèlement, la question du « tri » des malades pour l'accès aux soins de réanimation est apparue sur la scène publique. Étant issu de la médecine militaire (Lefève, Lachenal & Nguyen, 2014), le terme de « tri » s'est associé au discours guerrier privilégié dans le récit politique de la « crise sanitaire ». Par ailleurs, le tri étant une affaire d'expert médical, toute autre parole publique sur ces « choix » de vie et de mort apparaissait d'emblée disqualifiée. Dès lors, le discours de l'expert s'est imposé comme le discours de vérité sur le tri et cette mise en récit a produit un effet de dépolitisation de la question de l'accès aux soins de réanimation. Suivant ce cadre discursif, elle était en effet pensée en termes de « tri » médical contraint par une situation de « guerre sanitaire » qu'on ne pouvait pas prévoir : on trie parce que « c'est la guerre, on n'a pas le choix ».

D'ailleurs, la création discursive d'un « ennemi commun » en la Covid 19, a contribué non seulement à normaliser l'idée du « tri », mais aussi à produire un consensus sur le fait que l'ampleur du nombre de morts était due pour l'essentiel à cet ennemi invisible. Ce faisant, ces morts ont été naturalisées, alors que des études démontraient que le virus ne frappait pas socialement au hasard (Mariette & Pitti, 2020 ; Gelly, Mariette & Pitti, 2021). Le terme de « syndémie » est, de ce point de vue, plus juste que celui de « pandémie » (Alla & Stiegler, 2022). En effet, le premier terme prend en compte les déterminants structurels de santé, tandis que le second nie la dimension politique de « l'épidémie », en faisant croire qu'elle touche les individus de façon égalitaire.

De la même manière, si on substitue le terme de « choix » à celui de « tri », un autre récit politique de la syndémie est possible : celui de la « médecine de pénurie ». Le 20 avril 2020, une infirmière exerçant à l'hôpital Delafontaine de St-Denis déclarait ainsi : « On n'a pas fait une médecine de guerre mais une médecine de pénurie. » Suivant ce cadre discursif, la question de l'accès aux soins de réanimation peut être interprétée en termes de « choix tragiques » (Dalgalarrondo & Urfalino, 2000), contraints par une situation structurelle de pénurie de moyens dans un contexte de « casse » de l'hôpital public (Juven et al., 2019).

Notre analyse est ainsi partie d'une volonté d'interroger la rhétorique employée durant la syndémie, afin de comprendre comment le pouvoir politique, s'appuyant sur la vérité postulée des discours d'experts scientifiques (infectiologues, épidémiologistes, etc.), a tracé une ligne de partage entre les inclus et les exclus des soins de réanimation. Pour ce faire, nous prenons appui sur une recherche documentaire et des entretiens semi-directifs menés auprès de 16 soignantes et soignants, exerçants dans différentes régions, et réalisés en dépit des difficultés liées aux formes de censure à l'œuvre dans les hôpitaux[1].

1. Pour les détails de la méthodologie et la version longue de cette analyse, cf. : https://sylviemorel.hypotheses.org/

Le tri entre « malades Covid » et « non-Covid »

La « crise sanitaire » a engendré une forme de « panique morale », qui s'est traduite par la mise en place urgente d'un dispositif de tri, ayant pour effet de produire un traitement différencié entre malades Covid et non-Covid – ces derniers étant désormais considérés comme les « oubliés de la crise » (Crozier, 2022). Dans la communication politique, le langage du soin a alors été recouvert par un langage informatique et/ou technique, présentant le tri sous une forme dépolitisée, censée le rendre socialement acceptable.

Les déprogrammations : une forme de « tri de l'ombre »[2]

Durant la première vague, dans un contexte de panique organisationnelle liée à une pénurie de moyens, de nombreux reports de soins – plus volontiers nommés « déprogrammations » – ont été imposés aux médecins par les directions hospitalières et par celles des cliniques privées. L'objectif était de récupérer des ventilateurs utilisés dans les blocs opératoires et de libérer le personnel de ces services pour

2. https://www.lemonde.fr/idees/article/2022/01/05/covid-19-pourquoi-ne-pas-avoir-donne-les-moyens-aux-soignants-d-eviter-que-se-repetent-les-situations-de-tri-tragique

« armer » de nouveaux lits de réanimation : « Pendant tout un moment, ils ont tourné avec 7 salles d'opération au lieu de 22. [...] Les médecins n'étaient pas maîtres de ce qu'il se passait, c'est la direction qui leur a demandé de diminuer leur activité. [...] C'est vrai qu'à un moment on avait l'impression qu'il n'y avait que les Covids qui comptaient. » (IADE[3], bloc urgence, PDL.)

Ces déprogrammations ont été réalisées au détriment des malades non-Covid, qui ont alors dû patienter dans une « immense salle d'attente » virtuelle (Lefève, 2021), entraînant des « pertes de chances » importantes pour nombre de ces malades : « Ça, ça va être le grand silence : comment des gens non-Covid sont morts par faute de chance par l'écrasement du système par le Covid ? » (Infirmier, IDF, réanimation chirurgicale.)

Sophie Crozier, neurologue, lance d'ailleurs l'alerte le 17 septembre 2020 : « On commence à mesurer les dégâts de cette stratégie. Ce sont des cancers pris avec retard, des maladies chroniques qui se sont aggravées, des pertes de chances à la pelle. On a fait du tri parce que l'on ne comptait que les morts Covid à la télé. »[4].

3. Infirmier anesthésiste.
4. https://www.liberation.fr/france/2020/09/17/face-au-covid-l-hopital-est-sans-doute-moins-pret-qu-avant-la-deferlante-de-mars

La priorisation politique des malades atteints du Covid a ainsi exposé, voire abandonné, certaines personnes à la mort. Cette forme d'abandon des non-Covid s'est aussi traduite par le tri opéré par les Samu-Centre 15, ayant pour fonction d'éviter leur arrivée aux urgences. Ces « tris de l'ombre » ont été réalisés en amont des services de réanimation qui concentraient l'essentiel de l'attention médiatique et politique, ce qui nous amène au second élément du dispositif de tri abordé par les soignantes et soignants : les réaménagements architecturaux.

Le bricolage de « réas-campings » ou « éphémères »

La différenciation entre les malades Covid et non-Covid s'est aussi traduite par le bricolage contraint de « réas-campings » ou « éphémères », vers lesquelles étaient orientés les seconds. Selon les villes, il pouvait s'agir de blocs opératoires, de salles de réveil et de services de réanimation chirurgicale libérés du fait des déprogrammations, ou encore des services ambulatoires dont l'activité s'était interrompue. Un médecin explique ainsi que dans l'hôpital où il exerce, ces lits de réanimation, autrement appelés les « néo-réa », ont été créés dans un service ambulatoire peu adapté aux soins de réanimation. Il précise : des locaux trop petits et parfois éloignés des services de réanimation, du matériel non adapté ou manquant, du personnel hospitalier ou étudiant, non formé à ces soins spécifiques.

« La taille des chambres était moitié moins grande. On n'avait pas de quoi intuber sur place. [...] Le matériel n'était pas adapté pour une intubation rapide, il n'y avait pas de machine de dialyse. [...] Et ce dont on n'a pas tant parlé, c'est le combat qu'il y a eu entre réanimer des Covid et réanimer des non-Covid. Et ça, y'en a eu. » (Infirmier, réa médicale, PDL.)

Les personnels ne savaient pas pour autant si les malades atteints du Covid allaient s'en sortir. Ils savaient juste que peu d'entre eux sortaient vivants de la réanimation. Ainsi, la décision d'allouer de façon privilégiée les moyens de réanimation aux malades Covid reposait moins sur un raisonnement de santé publique, fondé sur le principe d'une « balance bénéfice/risque », que sur un raisonnement politique. Dans la mesure où seules les morts dues au Covid étaient comptées, elles avaient une forte valeur politique, ce qui a entraîné un abandon des non-Covid, qualifiés parfois « d'effets collatéraux ». Cet emprunt à la rhétorique guerrière tendait à naturaliser ces morts, qui étaient alors présentées comme une conséquence inéluctable de la guerre sanitaire. Or, pour la plupart des membres du personnel soignant interrogés, il s'agissait de personnes « laissées pour compte ».

« La question qui est posée pour la gestion de cette crise sanitaire, c'est : y a-t-il des laissés pour compte ? [...] Là, effectivement dans la crise Covid, il y a tri, il y a des laissés pour compte mais ce ne sont pas les malades de la Covid, c'est les non-Covid [...] je ne partage pas du tout l'idée que l'hôpital public a résisté et que le système de santé a résisté. » (AR retraité, PDL.)

C'est le double sens de « laissé pour compte » qui est à entendre ici : la personne qu'on laisse mourir en raison de critères comptables, mais aussi celle dont la vie n'est pas comptabilisable. Il serait, en effet, impossible à moyen ou long terme de dénombrer les personnes dont l'état de santé s'est aggravé avec des séquelles importantes, ou les personnes décédées à la suite d'une absence de soin (Mongiat-Artus et al., 2021). Au regard de ces éléments, les multiples discours publics, qui affirment que le « système a tenu », semblent pour le moins éloignés des réalités de terrain si ce n'est mensongers.

Ces récits ne permettent certes pas de généraliser, mais ils renseignent sur la mise en œuvre, au cours de la syndémie, de diverses technologies ayant eu pour fonction de trier les malades en amont des services de réanimation, mais aussi à l'entrée de ces services.

Le tri entre les malades Covid pour l'accès aux soins de réanimation : « En fait, on abaisse les critères ! »

La principale caractéristique des décisions de « tri », ayant été mises en œuvre à l'entrée des services de réanimation, résidait dans un « abaissement » des critères cliniques habituels. Des médecins ont, par exemple, retardé certaines décisions d'intubation afin de « gérer » la pénurie de lits, alors même que l'état de détresse respiratoire aurait habituellement entraîné une intubation, ou du moins le transfert du malade en réanimation. Lors des auditions menées le 28 juillet 2020 dans le cadre de la « mission d'information sur l'impact, la gestion et les conséquences dans toutes ses dimensions de l'épidémie de coronavirus – Covid 19 », Éric Maury, président de la Société de réanimation de langue française, témoigne de ces stratégies de « priorisation ». « Le tri [...] on en fait tous les jours. Là, la situation qu'on a vécue, c'était différent, ce n'était pas "est-ce que la réanimation était justifiée ?", c'était "elle l'est sans doute, mais on n'a peut-être pas suffisamment de place pour mettre les patients en réanimation". Et là, c'est plutôt de la stratégie de priorisation, des algorithmes de priorisation qui sont liés au fait qu'on n'a peut-être pas les structures d'aval pour prendre les patients en réanimation. »

La question politique et éthique du choix s'efface ici derrière la « gestion » algorithmique du « tri ». Si on suit l'analyse de Frédéric Pierru, les algorithmes constitueraient en effet un terme informatique visant à « euphémiser/neutraliser cette violence potentielle en convertissant une décision politique explicite en un mécanisme d'allocation de ressources aux atours techniques et même automatiques, tout en décentralisant au maximum les dimensions les plus concrètes. Un enjeu politique explosif devient alors une nécessité technique dont les conséquences les plus tangibles (qui doit vivre et qui doit mourir ?) sont privatisées, fragmentées, morcelées... donc invisibles » (2011). Cette politique des vies a contraint le personnel soignant à moduler la norme de l'âge à l'entrée des services de réanimation. Un professionnel exerçant dans un CHU témoigne ainsi de façon anonyme sur la consigne implicite de priorisation : « On ne le dit pas, car on ne peut pas mais la consigne tacite, c'est de ne plus prendre les plus de 75 ans à l'hôpital, de les laisser dans les EHPADs ou chez eux, c'est-à-dire de les laisser mourir[5]. »

D'après les soignantes et soignants, c'est le manque de moyens qui a engendré des refus de prise en charge et donc des décès, mais sur ce point, les réanimateurs resteront silencieux : « Ça ne sera pas étiqueté

5. https://www.mediapart.fr/journal/france/200320/les-services-de-reanimation-se-preparent-trier-les-patients-sauver?

comme quelqu'un qu'on n'a pas pris en charge alors qu'on aurait pu [médicalement], mais parce qu'on l'a refusé (médicalement). […] Pour le médecin qui aurait pris cette décision, indiquer quelque part que le refus aura été fait par manque de place, c'est un aveu d'échec et d'impuissance qui n'est absolument pas du tout dans la mentalité d'un réanimateur. » (Infirmier, réa chirurgicale, IDF.)

Caroline Brémaud, Cheffe du service d'urgences de Laval au moment de la syndémie, témoigne également de ce silence quant au manque de moyens à l'origine de morts pourtant évitables : « Auraient-ils [les citoyens] encore ouvert leurs fenêtres pour nous encourager s'ils avaient su qu'à l'hôpital on pouvait brancher un patient Covid à un respirateur de transport, un appareil absolument pas conçu pour ventiler un patient de ce type plus de deux heures sans le tuer ? Mais, aux yeux de notre administration régionale, il s'agissait d'un respirateur. Qu'il soit ou non de transport ne lui posait aucun problème. Ce qui lui importait, en revanche, c'est qu'on ne puisse pas dire que le patient avait succombé faute de moyens. S'il était mort, c'est qu'il était très grave, pour employer le jargon du métier. » (2025.)

Au regard de cette censure, il est difficile voire impossible de connaître le nombre de refus de prise en charge et donc de décès liés au manque de lits de réanimation. Enfin, s'agissant des personnes âgées résidant en EHPAD, la consigne de ne pas les transporter à l'hôpital s'est traduite bien souvent par un « laisser mourir », ou plus exactement un « faire mourir institutionnel » (Memmi & Taïeb, 2009). D'après une infirmière de l'hôpital de Mulhouse, dans les EHPADs, le personnel soignant a en effet eu pour consigne de « donner des soins de confort, pour soulager la douleur. C'est très difficile : on n'est pas là pour choisir celui qui doit vivre et celui qui doit mourir » (*Ibid.*). Au sein des EHPADs, les personnes âgées ont en effet été placées par décret sous un régime de soins palliatifs (Guylène, 2020), la gestion politique de la mort ayant ainsi été déléguée aux personnes travaillant dans ces structures[6] connues pour leur manque de moyens : « Il y a eu des recommandations de soins terminaux que les EHPADs n'étaient pas en moyen de mettre en œuvre, faute de personnel et faute de savoir-faire [...]. » (AR retraité, PDL.)

À la lumière de ces éléments, la rhétorique guerrière privilégiée dans les discours politiques pour justifier l'ampleur du nombre de morts a eu pour fonction de détourner l'attention publique des facteurs structurels, à l'origine de cette « hécatombe », à savoir des choix politiques ayant conduit au démantèlement progressif d'un système de santé qui a dû choisir ses morts, d'un État qui a dû laisser mourir. Ces éléments d'analyse nous invitent à aller au-delà

6. https://mouvements.info/lephad-et-ses-fantomes-lexperience-de-msf-en-france-pendant-la-crise-sanitaire-entretien/

de la « métaphore du canot de sauvetage » qui a dominé les discours sur le tri durant la syndémie. Bien connue en éthique médicale, cette métaphore focalise la réflexion sur la distribution de ressources rares sans questionner l'origine de cette rareté. Or, la situation de tri dans les services de réanimation et sur les autres scènes du soin est le résultat d'un « *continuum* de tri », qui renvoie à des décisions macropolitiques triant en amont les ressources disponibles (Leichter-Flack, 2014). Ainsi, la situation d'urgence sanitaire à laquelle ont été confrontés, tant le personnel soignant que les malades, est moins la conséquence d'un virus imprévisible que le produit de décisions politiques, dont les soignantes et soignants avaient depuis longtemps prédit les conséquences.[7]

7. Rappelons que la crise du Covid est survenue alors que, dans plus de 200 services d'urgence, des soignantes et soignants manifestaient depuis neuf mois pour alerter le gouvernement sur la dégradation de leurs conditions de travail et les conséquences désastreuses en termes de qualité des soins. Le slogan d'une banderole, brandie à l'occasion de l'une de ces nombreuses manifestations, est apparu prophétique : « l'État compte les sous, on va compter les morts ».

Au-delà de la crise : le tri comme quotidien du personnel soignant

La crise sanitaire n'a fait que « visibiliser » les difficultés rencontrées au quotidien dans ces services. Les membres du personnel soignant déclarent en effet que le tri est leur lot quotidien et que la question n'est pas tant de savoir si des pratiques de tri existent ou non, mais de savoir sur quels critères et quelles normes elles reposent.

« Quand la question de la survie de quelqu'un commence à être décidée à partir de critères matériels qui sont eux-mêmes définis par des critères politiques et des orientations politiques, c'est là qu'intervient l'éthique et c'est là qu'on commence à se gratter la tête en se disant que ce n'est peut-être pas normal. [...] Le tri arrive tout le temps. Le Covid, il a juste enfoncé le clou de quelque chose qui est latent et d'une déconstruction qui date de plusieurs décennies. » (Infirmier, réanimation polyvalente, IDF.)

La « déconstruction » évoquée par cet infirmier est le résultat d'une politique budgétaire et managériale à laquelle l'ensemble des membres du personnel hospitalier sont assujettis.

« On parle de tri médical mais c'est un tri économique et social. Il se fait des fois sur le *listing* des antécédents. Tu vois plusieurs séjours en hôpital psychiatrique, marginal... oh lui, bon allez ! Ça se fait parce qu'il n'y a pas de place, sinon ils ne feraient pas le tri ! Ça les rend malades de faire ça ! » (Infirmier, réa médicale, Bretagne.)

« Il y a des malades qui ont des tares [...]. Le malade psychiatrique parce qu'éventuellement il n'est pas compliant et que ça va foutre le bazar en réanimation. [...] Il y a des catégories comme ça de patients dont personne ne veut. » (AR retraité, PDL.)

Pour les soignantes et soignants, la « tarification à l'activité » (T2A) constitue d'ailleurs l'emblème de l'introduction de cet autre nom du tri qu'est le *Nouveau Management Public*. Cette technologie gestionnaire, qui prend place depuis 2004 dans un dispositif de tri plus large, a en effet pour fonction de rentabiliser les soins en instituant une sélection des malades (Juven, 2016). Au sein de cet ordre sanitaire gestionnaire, la vie des personnes âgées dépendantes, de celles en situation de handicap physique et/ou psychique, des « alcooliques », des « toxicomanes », des personnes « obèses », sans domicile fixe, ou encore migrantes en situation irrégulière, est considérée comme de moindre valeur et ce, notamment, parce que la part consacrée à la relation dans le soin – non quantifiable et non rentable – est importante pour ces patientes et patients (Morel, 2019 ; 2023 ; 2024). Or, comme le souligne le psychiatre Jamal Abdel-Kader dans le documentaire *État Limite* (Peduzzi, 2024), son travail « n'est pas prévisible ni quantifiable. Je ne sais pas combien de temps ça va me prendre de construire un lien et d'apaiser une personne, d'apaiser sa famille ». En temps de crise, ces malades, non rentables au regard des critères gestionnaires, sont donc tout « naturellement » les premiers à être exposés voire abandonnés à la mort, au nom de la protection de la vie.

Face à cette crise sanitaire, le président de la République a pourtant semblé, un instant, remettre en question la politique d'austérité budgétaire, en réaffirmant à l'occasion de son discours du 12 mars 2020 l'importance de l'hôpital public, précisant même que « la santé ne devait pas être un bien soumis aux lois du marché néolibéral ». Depuis, des hôpitaux ont fermé, des lits ont été supprimés et le personnel soignant est de nouveau mobilisé pour sauver un système de soins qui doit aujourd'hui choisir ses morts. En ce sens, cette analyse conduit à interroger la « production sociale, politique ou économique de la rareté qui justifie le besoin de trier » (Lefève, Lachenal & Ngyen, 2014) et encourage à ouvrir un espace de discussion sur la valeur que l'on souhaite accorder collectivement à la santé.

Références bibliographiques

BREMAUD, C., *État d'Urgences. Le quotidien d'une médecin en lutte pour l'hôpital public*, Éd. Seuil, 2025.

CLAUSE-VERDREAU, A.-C., WEIL-DUBUC, P.-L., « L'héroïsation des soignants. Réflexions sur une entourloupe », *Les cahiers de l'espace éthique*, Hors-Série, 2020, p. 51-52.

Crozier, S., « L'hôpital public après la crise : un enjeu éthique essentiel », *in* Lefeve, C., & Mino, J.-C. (dir.), *Soigner et tenir. Dans la pandémie*, PUF, 2022, p. 107-116.

Dalgalarrondo, S., Urfalino, P., « Choix tragique, controverse et décision publique. Le cas du tirage au sort des malades du sida », *Revue française de sociologie*, vol. 1, n° 41, 2020, p. 119-157.

Gelly, M., Mariette, A., Pitti, L., « Santé critique 1. Inégalités sociales et rapports de domination dans le champ de la santé », *Actes de la recherche en sciences sociales*, vol. 1, n° 236-237, 2021, p. 4-19.

Guylene, N., « L'égalité d'accès aux soins ou la prise en charge sanitaire des personnes âgées dépendantes en période de pandémie », *Droit, Santé et Société*, vol. 1, n° 1, 2020, p. 31-40.

Juven, P.-A., *Une santé qui compte ? Les coûts et les tarifs controversés de l'hôpital public*, PUF, 2016.

Juven, P.-A., Pierru, F., Vincent, F., *La casse du siècle. À propos des réformes de l'hôpital public*, Raisons d'Agir, 2019.

Lefeve, C., Lachenal, G., Nguyen, V., « Le triage en médecinc, une routine d'exception », *in* Lefeve, C., Lachenal, G., Nguyen, V. (dir.), *La médecine du tri. Histoire, éthique, anthropologie*, PUF, 2014, p. 1-25.

Lefeve, C., « La pandémie, révélateur de l'extension du domaine du tri. Extension du domaine du tri », *in* Worms, F., Mino, J.-C., Dumont (dir.), *Le soin en première ligne*, PUF, 2021, p. 107-130.

Leichter-Flack, F., « De l'état d'exception de l'urgence collective au rationnement invisible des politiques de santé publique. Enjeux d'un "*continuum* du triage" », *in* Lefeve, C., Lachenal, G., Nguyen, V. (dir), *La médecine du tri. Histoire, éthique, anthropologie*, PUF, 2014, p. 67-77.

Mariette, A., Pitti, L., « Covid-19 en Seine-Saint-Denis (1/2) : quand l'épidémie aggrave les inégalités sociales de santé », *Métropolitiques*, 6 juillet 2020, en ligne sur <https://www.metropolitiques.eu/Covid-19-en-Seine-Saint-Denis-1-2-quand-l-epidemieaggrave-les-inegalites-de.html>.

Mariette, A., Pitti, L., « Covid- 19 en Seine-Saint-Denis (2/2) : comment le système de santé accroît les inégalités », *Métropolitiques*, 10 juillet 2020, en ligne sur <https://www.metropolitiques.eu/Covid-19-en-Seine-Saint-Denis-2-2-comment-le-systemede-sante-accroit-les.html>.

Memmi, D., Taieb, E., « Les recompositions du “faire mourir” : vers une biopolitique d’institution », *Sociétés contemporaines*, n° 75, 2009, p. 5-15.

Mongiat-Artus, P., Lefeve, C., Legeais, D., et al. « Le triage, un enjeu éthique de la pandémie de la Covid-19. Constats et questionnements autour d’un impensé », *Revue française d’éthique appliquée,* vol. 1, n° 11, 2021, p. 123-140.

Morel, S., « Inequalities and discriminations in access to emergency care. Ethnographies of three healthcare structures and their audiences », *Social Science & Medicine,* vol. 232, 2019, p. 25-32.

Morel, S., « Urgence et tri. La production de files d’attentes socialement stratifiées pour l’accès aux soins d’urgence », *Acte de la recherche en sciences sociales,* n° 250, 2023, p. 100-117.

Morel, S., « Urgence et tri des patient.e.s. Entre normes médicales et économiques, quelle éthique du soin possible ? » *in* Weil-Dubuc (dir.), *La valeur de la santé. Questionnements à la croisée de l’éthique et de l’économie*, Éd. Erès, 2024.

Pierru, F., « Hospital Inc. ou l’hôpital au pays des Soviets ? » *in* Mas, B., Pierru, F., Smolskli, N., Torrielli, R. (dir.), *L’hôpital en réanimation*, Savoir/Agir, 2011, p. 87-101.

Stiegler, B., Alla, F., *Santé publique. Année zéro*, n° 37, Tracts Gallimard, 2022.

« Créer un temps qui n'existe pas »

Entretien avec Nicolas Peduzzi
et Jamal Abdel-Kader,
autour du documentaire État-limite,
avec Marion Pollaert et Nicolas le Merrer.

Nicolas, pouvez-vous expliquer comment le projet du documentaire* État-limite *est né et pourquoi avoir choisi de suivre Jamal dans son travail à l'Hôpital Beaujon ?

Nicolas Peduzzi : Beaujon est un endroit que je connaissais bien, puisque mon père y avait été transplanté dans les années 1990. Au premier abord, je souhaitais simplement filmer l'hôpital et suivre le personnel soignant, sans focalisation préalable sur la psychiatrie, même si ce thème m'a toujours intéressé. Avant la fin du premier confinement et dans une ambiance un peu chaotique, j'ai rencontré Jamal, en pleine discussion avec des policiers. Ces derniers venaient d'emmener un homme qui avait tenté de s'étrangler en garde à vue. Il s'agissait donc de savoir s'il simulait la folie ou non. En le voyant gérer la situation, la police, le patient, ses collègues, le chaos, je me suis dit : « Tiens, ce type a une façon intéressante de s'adresser aux gens présents ici, un peu différente de ce que l'on voit d'habitude. ». J'ai compris assez rapidement qu'il était le psychiatre de l'hôpital, alors jeune homme de 33 ans, gérant seul les cas de souffrance psychique au sein des urgences, à courir en même temps à travers les autres services de l'hôpital comme psychiatre de liaison, le tout en formant les internes et en enseignant aussi en dehors de Beaujon…

Une chose qui m'a sauté tout de suite aux yeux, en suivant Jamal, c'est le nombre considérable de gens arrivant aux urgences dans un état très grave, entre la vie et la mort, après une tentative de suicide. En lisant le tableau des patients admis dans le service, j'ai été frappé par le nombre de « p » pour « précipité », lettre qui indique qu'une personne s'est jetée dans le vide pour en finir. Filmer cette réalité m'a permis, d'une façon évidente, de montrer une certaine absurdité : la façon dont notre société traite les gens considérés, d'une façon ou d'une autre, comme « marginaux » ou « excentriques ». De cette manière, je me suis intéressé totalement à Jamal, aux personnes autour de lui qui l'aident dans son travail et nous nous sommes ainsi suivis pendant deux ans et demi.

Dans cette première scène du documentaire évoquée par Nicolas, nous pouvons voir Jamal négocier au téléphone avec un commissaire. Il souhaite pouvoir garder une nuit à l'hôpital cet homme arrivé menotté, accompagné de policiers, et qui se trouve actuellement

en garde à vue. Pour convaincre votre interlocuteur, Jamal, vous insistez sur la paupérisation généralisée des services publics, hôpital comme police, dans l'objectif d'éviter l'aggravation des violences mutuelles, du fait de la pénurie de moyens. Mais nous pouvons également voir en quoi la psychiatrie a bien, entre autres fonctions, celle de prendre en charge la « déviance », en relais des modes policiers de coercition. En quoi cette scène très dense est-elle révélatrice du rapport complexe, ambivalent peut-être, que vous entretenez à la fonction de psychiatre et à l'institution au sein de laquelle vous l'exercez ?

Jamal Abdel-Kader : Quand je suis dans cette fonction de psychiatre à l'hôpital public, les recommandations que je peux donner à des gens en situation de pouvoir – officiers de police judiciaire (OPJ), procureurs, maires, préfets, etc. – sont en fait toujours suivies. Comme l'explique Foucault, dans son cours sur *Les anormaux* : pour un juge, le fait de pouvoir « se décharger » de la tâche difficile de juger, en se reposant sur l'expertise d'un médecin, constitue effectivement un grand soulagement. Il ne s'agit pas vraiment d'une négociation, car je n'ai pas réellement besoin de convaincre le commissaire. Je cherche plutôt à énoncer et à rappeler un certain nombre de faits, afin de produire des effets sur les rapports de domination et potentiellement de violence, qui caractérisent la situation que j'ai à gérer. L'objectif est de temporiser et de suspendre la tension générée par l'urgence de cette situation, pour ouvrir une situation de repos. Cette dernière représente le premier moment au sein duquel l'angoisse peut être accueillie. Se poser, c'est déjà le moment où on peut commencer à travailler sur les raisons pour lesquelles la personne a été conduite ici, souvent avec une certaine violence, en envisageant les choses différemment.

C'est une question de méthode. Il s'agit d'abord d'offrir un espace d'accueil, un lit, un repas, des couvertures… Concrètement, la personne est ainsi traitée avec toute la dignité que nous sommes capables de lui proposer. Cela pose évidemment le problème de la contention, qui n'est pas illégale en France. Par exemple, l'homme que l'on voit dans le film, déjà menotté et encadré par des policiers, est donc naturellement appréhendé par le personnel soignant comme devant être contentionné. Et même s'il m'arrive d'y avoir aussi recours, lorsque j'estime ne plus avoir d'autres solutions, comme on le voit plus loin dans le film, je refuse de le considérer comme une solution acceptable. Car cette pratique n'est qu'un moyen pour obtenir un résultat, sans rien avoir à connaître ni à comprendre de la personne. Malgré les effets pratiques efficaces et puissants de la contention, le travail de la soignante ou du soignant consiste à réinscrire une personne dans une histoire, qui donne à entendre des symptômes. Cette pratique de la contention est incorporée, en psychiatrie, mais ce n'est pas une pratique de soin, plutôt de contrôle…

Et nous ne pouvons soigner si nous sommes dans ce contrôle.

Si je n'avais pas cette possibilité de la contention, je serais obligé de réfléchir à d'autres modes d'action. D'autres pratiques de maintien existent, d'ailleurs, par le contact direct, en tenant la personne au corps, comme à l'Association de Santé Mentale du XIIIe arrondissement, qui a été pilote dans la mise en place des politiques de secteur dans les années 1960. Il n'est pas possible de créer le même rapport de confiance si la personne a été ligotée et laissée seule dans une chambre, de manière violente. Quand j'ai décidé de m'engager en psychiatrie, c'est la première question à laquelle je me suis confronté : comment déjouer ce pouvoir que j'ai entre les mains, qui est celui de la coercition possible – même si limitée dans le temps – de la liberté de circuler et de déambuler d'une personne ? Comment éviter d'user de cette entrave et instaurer plutôt, d'emblée, une situation de repos par laquelle seule nous pouvons espérer établir un lien de confiance, en apprenant à se connaître et en se racontant une histoire ? Je suis très conscient du pouvoir que j'ai sur les patientes et les patients, et ma question quotidienne est celle de savoir comment déjouer et subvertir, au sein de l'institution, ce rapport de domination que cette dernière instaure. Nous avons banalisé un niveau de violence très élevé à l'hôpital, même dans les échanges quotidiens entre les personnels hospitaliers, bien plus élevé en réalité qu'entre les agents pénitentiaires avec lesquels je travaille…

Est-ce qu'il s'agit, pour vous, de prendre du recul et d'instaurer un temps de repos dans toutes les formes de crise, tant individuellement, au niveau de la souffrance psychique, que sur le plan collectif, celui de l'institution elle-même ?

JAK : Je suis forgé par une conception du travail de soin qui se fonde sur les modalités naturelles de développement des petits humains. Dès qu'ils arrivent au monde, ils sont portés et réchauffés, parce qu'ils ont besoin d'être rassurés de cette angoisse d'avoir été brutalement projetés dans le froid extra-utérin. C'est sur le sol de cette culture très primaire qu'il leur deviendra ensuite possible d'arpenter le monde, dans toutes ses nuances et ses couleurs. Ce modèle du soin est fondamental dans ma pratique : je considère qu'il est absolument nécessaire de commencer par s'efforcer de « porter » ainsi les patientes et les patients, de leur offrir un tel repos, même au milieu du chaos.

Or, dans cette institution hospitalière où tout est devenu assez absurde dans nos pratiques, ce que nous ne faisons plus, c'est justement prendre le temps de se connaître, d'avoir une histoire en commun. En tant que psychiatre de liaison, je suis constamment appelé pour des questions dites « institutionnelles », c'est-à-dire des conflits entre une patiente ou un patient et une équipe de soin. Par exemple, la personne doit partir abruptement, alors que son soin a été programmé puis déprogrammé plusieurs fois de suite, et qu'elle est prévenue à la dernière minute. Et ce n'est, en réalité, la faute de personne sinon de l'organisation du travail. Cette dernière est devenue complètement déraisonnable, parce qu'elle a complètement perdu de vue ces temps de repos nécessaires, si bien que tout fonctionne selon l'agenda d'un aéroport – pour reprendre la métaphore de *La casse du siècle* – ça atterrit, puis ça redécolle aussitôt... Il n'y a pas de médecine, au sens propre du terme, qui ne soit pas articulée à une certaine conception du vivre ensemble et au sentiment de compassion – ce feu qui donne à chaque parent la force de porter notre immaturité première, pour faciliter notre maturation en vue de rétablir une égalité, par-delà la hiérarchie qu'instaure notre vulnérabilité. Une médecine authentique exigerait une institution où chacune et chacun puisse ainsi répondre de son devoir fondamental d'hospitalité, et plus remarquablement encore envers « l'étranger » et bien sûr « le fou », qui constituent la forme idéale de l'exclu. L'abolition des chaînes, pour nous, pourrait signifier l'abolition du soin des fous au profit du soin de l'institution elle-même.

Il faut commencer par se mettre d'accord sur des valeurs à sanctuariser. Dans le soin, ce qui se fabrique, c'est le temps. Comment organiser le travail pour le permettre ? Le premier lieu qu'il faudrait restaurer, c'est un espace pour parler de soi et de la vie au travail, pour réfléchir à l'organisation du soin et de l'institution. Les soignantes et les soignants savent ce qui est nécessaire à leur travail : il ne devrait pas être possible de déléguer à d'autres la connaissance de nos besoins. Nous l'avons notamment remarqué pendant la pandémie : les gens étaient « libres d'obéir », mais les finalités n'étaient pas du tout décidées par le personnel soignant et cela a pu se montrer catastrophique.

Pour accompagner la scène d'ouverture mentionnée, Nicolas, vous avez choisi une bande-son à l'intensité **crescendo** ***et une musique particulièrement énergique, avec un bpm très élevé. Est-ce que celle-ci fait écho au sentiment qui est le vôtre à ce moment-là, lié à ce temps si contraint et pressant de l'urgence, au sein duquel se déroule l'activité de Jamal ?***

NP : C'est forcément une réflexion *a posteriori*, car je n'y pensais pas clairement au moment du montage, qui se travaille plutôt à l'instinct… Mais oui, le sentiment dominant est bien celui de ne pas comprendre ce qui se passe et d'être envahi par toutes ces émotions et ces actions. Et en même temps, c'est aussi le sentiment d'une étrange dissonance entre cette machine imposante qui nous écrase tous, d'une part, et de l'autre, d'une douceur du temps retrouvé par Jamal, du lien qu'il s'efforce de construire avec les patientes et les patients, comme avec les soignantes et les soignants qui travaillent avec lui. Cette musique fracassante traduit la violence de la situation, celle de l'institution, mais aussi de cette lutte permanente pour créer un temps qui n'existe pas, pour instaurer des moments de paix avec les personnes que Jamal soigne, et que nous partagions avec lui. C'est d'ailleurs un morceau que nous avons choisi en commun, car j'associe toujours les personnes que je filme à la conception de l'œuvre, qui se construit aussi à travers nos échanges.

JAK : Dans nos nombreuses discussions avec Nicolas qui ont jalonné le tournage et le montage, il y a quelque chose qui relève clairement du jeu, et qui évoque justement la façon dont je m'efforce d'instaurer les conditions d'un temps de repos pour les personnes que je soigne, en coconstruisant avec elles cette relation qui leur permet progressivement d'aller mieux. C'est ce que je cherche à faire notamment par le théâtre, comme on le voit dans le documentaire, avec la mise en place d'un jeu, au sens où Héraclite dit du temps que « c'est un enfant qui joue ». Mon rôle spécifique, dans ce cadre, est d'assurer la possibilité d'un jeu en toute sécurité et en toute sérénité pour les patientes et les patients, pour mes collègues, pour Nicolas qui nous filme, etc. Cependant, dans la mesure où je participe moi aussi à cette mise en scène, je « tombe la blouse » et il n'y a, à ce titre, aucune différence entre moi et les personnes qui m'entourent. Nous jouons avec les mêmes règles aux mêmes jeux, même s'il s'agit aussi, pour moi, de semer des graines, qui doivent pouvoir ensuite germer hors de l'institution.

NP : En réalité, en refusant de souscrire aux codes d'une certaine exigence de « naturalisme » propre au documentaire, qui interdirait notamment l'usage de la musique, nous sommes parvenus à un résultat plus réaliste, sans le vouloir, en assumant cette part de jeu mutuel dans la construction de l'œuvre…

Une autre chose frappante : le sentiment d'une temporalité sans repères, comme si la journée ne se terminait pas. Or, vous avez dit que le tournage avait duré deux ans et demi… Y a-t-il une intention de votre part, dans cette impression d'une confusion temporelle que l'on éprouve en voyant le film ? Le titre du film,* État-limite, *renvoie-t-il entre autres à ce sentiment-là ?

NP : Quand nous arrivions à l'hôpital, Jamal était là ; lorsque nous le quittions, le soir, il y était encore… Nous avons pensé à le filmer en dehors, et peut-être cela aurait-il permis de mieux se repérer dans le temps, mais il était en fait à peu près tout le temps à l'hôpital ! Nous nous sentions un peu comme dans un casino à Las Vegas, où l'on n'affiche pas l'heure pour inciter les clients à se perdre dans le jeu, en oubliant le temps. C'est exactement le sentiment que nous avions chaque fois que nous nous retrouvions avec Jamal : soudain perdus, avec un extérieur qui s'effaçait de plus en plus. L'état-limite est celui de Jamal, bien sûr, état qui se matérialise peu à peu en lui tout au long du film, à travers le mal de dos, notamment, qui en est un symptôme. Mais l'expression correspond aussi bien à mon propre état, finalement, car il y a eu comme une sorte d'osmose psychique entre lui et moi. Et c'est l'état de l'institution hospitalière en général, évidemment, et plus largement celui du pays.

Et comment expliquez-vous le fait que vous vous soyez ainsi laissé aspirer dans cette temporalité, Jamal ?

JAK : Par idéalisme, je dirais. Avant le début du premier confinement, il y avait des mouvements sociaux historiques à l'hôpital. J'étais alors persuadé que nous allions pouvoir transformer l'institution, notamment l'organisation du travail hospitalier. Dans ce contexte, je militais beaucoup, comme porte-parole pour mon hôpital tout en faisant le lien avec un collectif qui tentait de se fédérer au niveau national. Et soudainement, avec l'épidémie de Covid et le confinement, nous étions séquestrés : arrêt total de tout mouvement de contestation. Pourtant, l'enthousiasme que j'y avais mis s'est accru au moment de la crise, au point d'en oublier totalement ma vie personnelle. Je n'ai alors plus supporté de voir des collègues zélés dans leur manière de donner crédit à des comportements, imposés au nom de l'urgence sanitaire, encore plus contraires à l'éthique du soin qu'auparavant… et de plus en plus éloignés aussi des exigences de l'État de droit, ce qui m'interrogeait également en tant que citoyen, car un médecin est toujours politique dans sa façon de pratiquer la médecine.

Lorsque Nicolas est apparu et a pointé sa caméra sur moi, je me suis senti revalorisé. Cela m'a soutenu, jusqu'au moment où, à l'été 2021, j'ai pris de vraies vacances, ce que je n'avais pas fait depuis un long moment. Ainsi les symptômes sont-ils apparus… La dépression, c'est-à-dire dans mon cas anxiété et impossibilité de penser. Après avoir repris le travail, je suis resté trois mois dans un brouillard total. J'ai alors décidé de voir un psychiatre, comme vous pouvez le voir dans la scène à la fin du film, qui se situait en réalité à la moitié du tournage, un an et demi après notre rencontre avec Nicolas. J'avais simplement besoin d'une autorité qui me dise qu'il fallait que je revive normalement, pour sortir de cet état.

Cela m'évoque la scène où vous discutez avec Romain, votre collègue aide-soignant, lorsque vous revendiquez de pratiquer un soin politique, plutôt que strictement médical. Nicolas, est-ce que filmer la façon dont Jamal pratique son métier a modifié votre propre pratique du documentaire ? Y a-t-il une continuité à vos yeux entre l'activité de Jamal et la vôtre, notamment quant à cette portée politique ?

NP : Je me suis posé cette question tout au long du film. C'est une question fondamentale dès que nous regardons l'autre. La caméra permet de voir et de montrer ce que nous n'apercevons pas d'habitude. Sans elle, personne n'aurait pu voir le travail de Jamal, tel qu'il apparaît dans le documentaire. Même ses collègues, en réalité, qui ne comprennent pas forcément et trouvent parfois un peu loufoque sa façon de travailler et d'interagir avec les autres. Et je crois qu'être filmé lui a également permis, en retour, de confronter sa propre pensée, car il était complètement seul. Je me souviens que Jamal m'a aussi dit qu'il avait pu utiliser ma caméra dans sa propre pratique. Notamment avec Windy, un patient qui souffrait beaucoup et qui était très renfermé. Le tournage lui a permis d'instaurer une sorte de théâtralité dans sa relation thérapeutique avec Windy, et ainsi l'a aidé à s'ouvrir. Finalement, il suffit d'un lien très simple pour initier un dialogue et amener au changement. J'ai constaté cela aussi dans ma vie personnelle, d'ailleurs. En quelques secondes, une dépression grave peut se renverser. Le documentaire montre parfois cette bascule, même à un niveau microscopique. Pour toutes ces raisons, oui, sa pratique m'a inspiré.

JAK : Et dans l'autre sens, la façon dont Nicolas a su se faire oublier, malgré la caméra et sa taille de Saint Christophe, a largement contribué à la construction d'un lien de confiance mutuel. Nous avons été une surface de réflexion l'un pour l'autre.

Nous sortons édifiés du visionnage du documentaire, mais comment articuler ce que nous y voyons de votre

activité, Jamal, aux transformations politiques auxquelles vos actes aspirent ? Pouvons-nous échapper à la logique de l'homme providentiel ? Comment sortir de l'héroïsme de la soignante ou du soignant, qui tient à bout de force ?

NP : La figure singulière de Jamal est aussi une limite du film, de ce point de vue… Il est exceptionnel, mais en devient malade.

JAK : Le film a été tourné à une époque de peste, et nous sommes dans une période de fanatisme qui se complaît dans l'héroïsation. Mon soin a pour tâche d'amener chaque personne à trouver son œuvre, ce qu'elle a à faire. Une réponse, donc : travailler, œuvrer. La pratique du théâtre au sein de l'hôpital illustre parfaitement, en ce sens, cette idée puissante de Simone Weil : « C'est par le travail que la raison saisit le monde même, et s'empare de l'imagination folle. » (*Sur la science*, II.) C'est aussi cela que le soin de la souffrance psychique met en évidence, que la personne qui souffre ait la tête dans les étoiles ou se trouve au contraire engluée. Le travail non pas comme travail salarié, mais comme ouvrage, au sens de ce que je parviens à faire au quotidien, quelle que soit l'occupation et en dépit des conditions critiques d'exercice de nos métiers. Je me trouve ainsi façonné moi-même par cette action. En ce sens, le film a rendu visible, à travers moi, ce que font beaucoup de soignantes et de soignants. Aussi, ce qui compte davantage encore que de produire n'importe quel ouvrage, c'est la production de relations. Le travail est cette activité humaine qui permet avant tout de façonner nos liens avec les autres, et de s'en trouver transformé en retour en vue d'une œuvre commune.

Rhétorique de l'urgence et risques existentiels : vers une redéfinition de l'urgence

Marie-Noëlle Ribas

L'action vaut mieux que les discours. Cela semble d'autant plus vrai en situation d'urgence où nous sommes pressés d'agir, que la vie de quelques-uns ou la survie de tous en dépendent, ou qu'une action ne puisse être différée plus longtemps au risque qu'un phénomène indésirable ne devienne irréversible. Mais l'urgence, aussi manifeste soit-elle, ne suffit pas à nous faire réagir ou agir. De là qu'il faille des mots pour la dire et pour nous persuader de la nécessité d'une action rapide. La rhétorique de l'urgence est cet usage des discours qui vise à nous faire prendre conscience de l'urgence et à nous la faire ressentir, pour nous pousser à agir. Elle est également cette entreprise de légitimation par le discours de toute action menée au nom de l'urgence, en particulier lorsqu'il s'agit de déployer des moyens exceptionnels, qui sont supposés être à sa mesure, comme un état d'urgence.

Cette rhétorique était déjà à l'œuvre chez les rhéteurs anciens qui cherchaient à mobiliser face à un danger imminent, comme Démosthène face à Philippe dans sa *Première Philippique* ou Cicéron face à Catilina dans sa *Première Catilinaire*. Elle l'est encore aujourd'hui où l'on veut nous faire réagir contre des dangers nouveaux, comme le réchauffement climatique ou les risques inhérents aux nouvelles technologies, par exemple. Cette rhétorique de l'urgence est même devenue omniprésente et tend à se banaliser, quand le vocabulaire de l'urgence contamine nos pratiques au quotidien, et que l'on nous dispose à tout vivre sur le mode de ce qui ne peut être retardé ou de ce qui exige une réponse immédiate. La « *deadline* » qui accompagne tout projet professionnel ou la politique comme gestion de crises permanentes en témoignent. Il faut dire que la rhétorique de l'urgence est redoutablement efficace pour jouer sur nos émotions, comme la peur, par exemple – celle d'être réduit à l'impuissance si on n'agit pas dans les temps –, ou la culpabilité et la honte, lorsqu'on nous rend responsables, y compris de notre inaction.

Un usage original de pareille rhétorique est celle qu'en fait Nick Bostrom dans ses travaux, lorsqu'il met au jour un nouveau type de danger : le risque existentiel. Il défend l'idée qu'il y a urgence à prévenir les risques qui sont ceux qui menacent « d'anéantir l'humanité ou de compromettre de manière permanente son potentiel futur » (2013). Ce qui distingue ces « catastrophes planétaires » (2008) que sont les risques existentiels des crises traditionnelles (guerres, pandémies, catastrophes économiques) est le caractère irréversible pour l'humanité. Là où un effondrement civilisationnel classique pourrait être suivi d'une renaissance, pareil risque ne signifierait rien de moins que la fin de l'humanité. Bostrom en identifie quatre :

l'intelligence artificielle superintelligente et hors de contrôle ; les technologies biotechnologiques et nanotechnologiques utilisées de manière malveillante ; les risques cosmiques (astéroïdes, supervolcans) ; le changement climatique incontrôlable à très long terme. Or, s'il y a urgence à agir, c'est parce que nous ne pouvons compter que sur nous-mêmes. La Nature, comme processus de sélection et d'adaptation, est désormais dépassée, incapable de permettre aux hommes de relever les défis qui s'opposent à eux, puisqu'elle ne saurait y répondre à temps. Tel est ce qui justifie, selon lui, le projet d'une humanité augmentée, qui repose sur le recours à la convergence NBIC (N pour nanotechnologie, B pour biotechnologie, I pour technologie de l'information et C pour sciences cognitives) (2014). S'il n'y a rien de surprenant dans une rhétorique de l'urgence à amener l'auditeur ou le lecteur à repenser son rapport au temps, l'argument déployé est néanmoins original : il y a urgence à agir, parce que l'évolution naturelle ne peut pas suivre le rythme, quand les nouvelles technologies avancent à une vitesse exponentielle (2014).

Le concept de risque existentiel lui permet surtout de montrer que l'urgence n'est pas là où nous la pensons habituellement. Elle ne se situe pas dans ces événements exceptionnels, que le politique doit gérer, comme une crise sanitaire ou le risque d'une guerre mondiale, par exemple. La menace identifiée est telle qu'elle secondarise tout autre type d'urgence, faisant de ce qui justifie habituellement de la part du politique l'adoption d'un régime d'exception, comme un état d'urgence, des urgences relatives, secondaires.

« L'évitement des risques existentiels est plus important que toute autre priorité politique, économique ou sociale, car il en va de l'avenir entier de l'humanité. » (2013.)

Cette rhétorique joue sur nos émotions – la peur d'une extinction de l'humanité –, aussi bien que sur des arguments de l'ordre du calcul rationnel, comme lorsqu'il avance que même si la probabilité d'un risque existentiel est minime, l'espérance mathématique associée à sa prévention est immense pour concerner le futur de l'humanité (2013). L'effort de prévention est d'autant plus urgent, qu'il est proportionnel à la gravité du risque et non à sa probabilité immédiate. Après la distinction entre l'urgence et l'urgence vitale, nous voilà donc confrontés à l'urgence existentielle qui engage toute l'humanité. Une fois la menace agitée, la bonne nouvelle est que certains peuvent travailler pour prévenir ces risques. Tour classique d'une rhétorique de l'urgence : montrer l'exceptionnalité et la gravité du danger pour légitimer l'action de quelques-uns qui, seuls, sont capables de gérer. Chez Bostrom, les risques existentiels justifient que les politiques s'en remettent à des experts qui éclairent leur action, leur intimant l'adoption de mesures à la hauteur de l'enjeu, entendez par là des mesures nécessairement drastiques, n'allant pas dans un sens démocratique. Concernant l'IA, il soutient par exemple que « nous devrions envisager un moratoire international sur certaines recherches en IA avancée, et limiter leur accès aux seuls organismes sécurisés » (2014). Le temps presse : l'heure est à l'action éclairée par des experts et non à l'échange, ou plutôt à la discussion si importante en démocratie, puisque ce danger supposément ne se discute pas. Si gouverner consiste à prévenir les risques, dont les risques existentiels, alors le pouvoir qui décide de l'urgence et des moyens d'y répondre ne peut se passer de ceux qui connaissent les risques de demain.

Pour conclure, nous voyons que la nouveauté de Nick Bostrom n'est pas à chercher du côté des procédés, qui sont typiques de toute rhétorique de l'urgence établissant la nécessité d'une action rapide face à un danger de mort imminent. Si nouveauté il y a, elle réside dans la mise au jour du risque existentiel qui devient prioritaire, car bien qu'il ne soit pas certain, il compromet de manière irréversible le futur de l'espèce humaine. Parce qu'elle est existentielle, ce type d'urgence primerait donc sur toutes les autres et légitimerait l'adoption d'un projet politique antidémocratique. Au nom de cette urgence exceptionnelle, il reviendrait à quelques experts d'orienter, pour ne pas dire de diriger nos politiques, pour assurer le progrès de l'humanité tout en prévenant son extinction.

Références bibliographiques

BOSTROM, N., « Existential risks: analyzing human extinction scenarios and related hazards », *Journal of Evolution and Technology*, 2002.

BOSTROM, N., ĆIRCOVIC, M. (dir.), *Global catastrophic risks*, Presses Universitaires d'Oxford, 2008.

Bostrom, N., « *Existential Risk Prevention as Global Priority* », *Global Policy*, n° 4, vol. 1, 2013, p. 15-31. https://doi.org/10.1111/1758-5899.12002.

Bostrom, N., *Superintelligence: paths, dangers, strategies*, Presses Universitaires d'Oxford, 2014, p. 59; 245; 302.

Liberté, anxiété, sécurité : approche sociopsychologique des affects de l'urgence

Johann Drévillon

Entre le 13 novembre 2015 et le 1er septembre 2021, la vie en France a été rythmée par une succession d'états d'urgence, à la faveur desquels interdictions, confinements, couvre-feux ou autres pratiques de surveillance se sont multipliés.

Bien qu'elles aient pu susciter parfois l'inquiétude d'une altération à long terme de notre démocratie, ces mesures attentatoires à nos libertés ont été globalement acceptées par la population. Ce consentement, dans l'après-coup direct des événements tels que les attentats ou la pandémie de Covid-19, semble conditionné par un réflexe légitime de protection dans un contexte d'incertitude et de peur.

On peut toutefois s'interroger : comment expliquer que les citoyens français, capables dans d'autres contextes de manifester davantage leur désaccord et leur colère, n'aient pas contesté plus vivement cette limitation drastique de leurs libertés ? Au nom de la sécurité, certainement. Mais comment la sécurité est-elle alors devenue une préoccupation si centrale qu'elle parvienne à susciter un tel degré de consentement à des mesures coercitives de ce type, mesures dont l'efficacité réelle pour réagir à « l'urgence » qui les motive n'est jamais débattue, et pourtant contestable[1] ?

Liberté

L'ambivalence de la liberté

Dans *La peur de la liberté*, paru en 1941, le psychanalyste et sociologue Erich Fromm interroge le rapport que l'individu moderne entretient à la liberté, en s'attachant à décrire les facteurs psychologiques – y compris inconscients – qui contribuent à rendre ce rapport complexe et ambivalent (2023). Déployant ses analyses dans le cadre d'une réflexion sur le totalitarisme, il repère qu'aux causes économiques et aux conditions sociales se sont ajoutés des facteurs humains, dans l'émergence des systèmes totalitaires. Ces derniers ne sont pas uniquement le produit de la folie de quelques dirigeants, pas plus qu'ils ne se résument à l'usage de la force, de la tricherie, ou de la terreur s'imposant à des populations. Nombreux sont, en réalité, les membres d'une société qui non seulement ne résistent pas activement à ces

1. Cf. la contribution de M. Pollaert à ce volume.

changements politiques, mais semblent même être animés par un curieux désir de soumission.

Le constat n'est d'ailleurs pas nouveau, si l'on songe à la fameuse « servitude volontaire » dont parle La Boétie au XVIe siècle, situant la puissance du pouvoir tyrannique dans ceux-là mêmes qui en pâtissent (2016). Mais tout l'intérêt de l'analyse de Fromm est de s'ancrer dans un contexte politique qui valorise, au contraire, l'émancipation et la liberté : à la racine même des sociétés libérales modernes. Dans le sillage de la Réforme, événement fondateur de la modernité, l'homme se libère des autorités externes traditionnelles et gagne en indépendance, mais se retrouve parallèlement confronté à sa plus grande crainte, celle de l'isolement. L'individu tend alors à se sentir impuissant et insignifiant face à l'écrasante présence du monde. Ainsi, pour Fromm, cette liberté nouvellement acquise n'est pas seulement une aspiration et un gain, mais également un fardeau, puisqu'elle s'accompagne d'un sentiment d'insécurité et d'insignifiance.

Cette perspective psycho-socio-historique, en contextualisant le consentement à la restriction des libertés, permet de dépasser la simple explication en termes de réactions de panique face à l'imminence d'un danger. L'ambivalence du rapport à la liberté explique en partie la facilité avec laquelle nous renonçons à certains droits. C'est sur ce terrain anxieux que s'enracine l'exigence sécuritaire contemporaine, que viennent renforcer les événements traumatiques (attentats terroristes, pandémie). Cette dimension psychique, mise en lumière par Fromm, peut éclairer et enrichir l'analyse foucaldienne de la physique du pouvoir.

Liberté et pouvoir

C'est à la faveur d'arbitrages et de problèmes concrets, posés au niveau social (santé publique, amélioration de la sécurité, etc.), que se déploient les dispositifs de pouvoir étudiés par M. Foucault (Razac, 2008). Ces dispositifs, contingents et évolutifs, articulent :

- des discours, pratiques et théories provenant de différentes disciplines (épidémiologie et infectiologie, criminologie et étude des causes du terrorisme) ;
- des outils techniques permettant leur mise en œuvre (instruments de mesure, outils de modélisation, aménagement de lieux de vaccination ou plan de sécurisation type *Vigipirate*) ;
- des individus qui produisent et/ou véhiculent ces discours et font fonctionner ces outils (médecins, juges, hommes politiques, scientifiques, journalistes mais aussi membres de la population).

Nous vivons aujourd'hui dans ce que Foucault appelle des sociétés de sécurité, succédant aux sociétés de discipline, dans lesquelles les corps faisaient l'objet d'un dressage et d'une surveillance minutieuse visant à les rendre dociles et efficaces. Dans la logique du pouvoir « biopolitique », qui structure les sociétés de sécurité, il ne s'agit plus d'user de la violence et de la coercition pour imposer des décisions, mais du contrôle et de la régulation en jonglant entre incitations et dissuasion. La population doit être « consciente en face du gouvernement, de ce qu'elle veut et inconsciente, aussi, de ce qu'on lui fait faire » (2004). Même si la situation de pandémie a permis aux gouvernements d'opérer un retour à des techniques franchement disciplinaires (confinement, couvre-feux, interdictions diverses), c'est bien par des dispositifs plus complexes et plus insidieux, que ceux des sociétés de discipline, que le pouvoir s'exerce principalement aujourd'hui.

Ces dispositifs de pouvoir s'adaptent non seulement aux circonstances historiques, mais également aux sujets sur lesquels ils agissent. Le pouvoir est indissociable de la liberté, il ne se détient pas et ne se confond pas avec la domination : il s'exerce uniquement sur des sujets libres ayant une possibilité de résistance ou de fuite (Foucault, 1984). Fonctionnant selon une dynamique circulaire, il contribue à façonner les sujets tout en se nourrissant de leurs réponses et de leurs résistances. Il passe donc autant par ceux qui l'exercent que par ceux qui le subissent. Parce qu'elle prend en compte la dimension psychique du fonctionnement des mécanismes de pouvoir – dimension qui demeure en retrait dans l'analyse foucaldienne –, la réflexion de Fromm permet de saisir d'autant mieux en quoi la soumission au pouvoir ne peut s'expliquer uniquement par des déterminations extérieures ou par une simple passivité, pas plus qu'elle ne résulte d'un quelconque penchant naturel. On comprend ainsi quel bénéfice psychique les individus retirent de la soumission : la sécurité.

Parce que le pouvoir s'exerce sur des libertés, et que gouverner, c'est conduire des conduites, le sentiment de vulnérabilité et la crainte de l'isolement ou de l'insignifiance contribuent alors à expliquer la ductilité de la liberté.

Anxiété

La matrice affective des idées

Si les dispositifs de pouvoir fonctionnent, ce n'est pas uniquement du fait de leur ingéniosité. C'est aussi parce que, comme le repère Fromm, les idées ont une matrice affective. Elles auront ainsi d'autant plus d'influence qu'elles répondent aux besoins et aux intérêts des personnes. Or, le climat d'anxiété généralisée, dans lequel nous évoluons, décuple le besoin de sécurité et nous prépare, en amont de la proclamation de « l'exception », aux états d'urgence et à leur logique de protection.

L'anxiété est en effet une « composante permanente des discours publics aussi bien que des discussions privées » (Courtine, 2017). Elle se nourrit à la fois de menaces globales et de préoccupations locales. Elle est, par ailleurs, relativement indifférente « à la réalité des dangers » puisque « rien ne distingue plus les catastrophes réelles de pures constructions imaginaires, produit de dispositifs discursifs propres à engendrer de l'anxiété » (*Ibid.*). On peut ainsi considérer que la composante imaginaire du risque, par la disproportion qu'elle crée entre la peur et la menace réelle, joue un rôle prépondérant dans l'efficacité de la logique terroriste elle-même, qui s'en nourrit. Ainsi, elle maximise ses effets et amplifie en retour le besoin de protection et de sécurité. En ce sens, la société de sécurité semble être aussi bien un produit qu'un dispositif générateur de ce qu'on peut appeler, à la suite d'U. Beck, la « société du risque » (2001).

Paradoxes de l'angoisse

On trouve déjà chez Sigmund Freud une interrogation sur la cause de l'angoisse. Si l'angoisse désigne pour lui un affect du moi surgissant face à un danger, la nature de celui-ci reste indéterminée. En dépit des variations théoriques opérées tout au long de l'œuvre freudienne, l'angoisse y apparaît toujours liée à la crainte d'une séparation et de la perte de l'objet.

L'état anxieux, quant à lui, s'apparente à une forte inquiétude, diffuse, latente : c'est une angoisse névrotique, dont l'objet est interne et inconscient. Dans cet état, l'objet-cause de l'angoisse n'est donc ni fixe, ni clairement identifié. L'angoisse y est « prête à s'attacher au contenu de la première représentation susceptible de lui fournir un prétexte, influant sur les jugements, choisissant les attentes, épiant toutes les occasions pour se trouver une justification » (Freud, 2001). Cette angoisse névrotique se distingue de l'angoisse de réel, correspondant à la peur provoquée par un danger extérieur parfaitement repérable. Lorsque ce danger se réalise, c'est l'effroi qui surgit – bref moment de la rencontre avec un réel, celui de la perte, de la mort.

Un seul affect – l'angoisse –, mais plusieurs causes possibles, donc. Un tel mécanisme favorise la confusion quant au motif de l'angoisse, entre objets internes et externes. Confusion qui se trouve renforcée par le caractère invisible de la menace : le terrorisme comme le virus peuvent frapper à n'importe quel endroit, à n'importe quel moment, sans que l'on puisse non plus présager de leurs conséquences. La frontière entre le dedans et le dehors est ainsi brouillée, les menaces se présentant à la fois comme proches et lointaines.

Deux paradoxes propres à l'angoisse sont repérables. Le premier est temporel : lorsque l'effroi apparaît, l'angoisse est soulagée sur le moment, mais aussitôt renforcée (Bauman, 2006). L'apparition de l'événement soulage l'anxiété – angoisse névrotique –, en lui donnant un objet identifiable et provoque le passage d'un état de passivité à l'urgence de l'action – aussi bien au niveau individuel (signaler un colis abandonné, ou mettre en œuvre des gestes barrières, donne le sentiment que nous pouvons avoir prise sur l'événement) qu'au niveau collectif (en déléguant une partie de notre action aux pouvoirs publics, dont nous attendons qu'ils assurent notre protection). Mais rapidement, cet événement vient trouver sa place auprès des autres événements passés, des traumatismes anciens, personnels et collectifs, et vient ainsi renforcer le support mémoriel de l'anxiété (Courtine, 2017).

Le second paradoxe est relatif à l'objet de l'angoisse : pour pallier le manque d'objet identifiable de l'angoisse névrotique, les discours sécuritaires tentent de donner consistance à une menace et ainsi de la circonscrire. Mais il y a toujours un reste de cette angoisse, que nous ne pouvons totalement éradiquer puisqu'elle relève de notre rapport à la finitude et de notre division subjective. Présente dès l'origine, sous la forme de ce que Freud appelle *Hilflosigkeit* (la détresse initiale, c'est-à-dire l'état de dépendance totale du nouveau-né), cette angoisse fait partie intégrante de notre vie. Or, s'articulant à ce fond d'angoisse indéracinable, les discours sécuritaires, notamment à travers le recours à la rhétorique de l'urgence centrée sur l'imminence du danger, participent à l'inflation imaginaire autour des causes de l'anxiété et contribuent ainsi à instiller l'idée d'une insécurité permanente.

L'angoisse et la peur deviennent alors des affects politiques. Rendre une menace consistante, en faire une préoccupation constante, c'est exploiter la nature de l'angoisse et le besoin de sécurité. Paradoxalement, le discours sécuritaire rassure non par ce qu'il promet de mettre en place, mais par le danger qu'il prétend délimiter (ce qui explique la fascination pour les faits divers ou le succès des chaînes d'info en continu). Il entend donner un objet à l'angoisse, la transformer en peur, mais provoque de ce fait une confusion entre objets externes et internes.

Sécurité

La multidimensionnalité de la sécurité

Du fait de l'omniprésence de l'angoisse, la sécurité occupe une place centrale dans l'espace politico-médiatique, mais s'y résume le plus souvent à la seule protection de l'intégrité physique et des biens possédés. Pour prolonger la problématisation de la logique sécuritaire à laquelle s'articulent les usages politiques de l'urgence, nous pouvons alors nous efforcer de restituer, au concept de sécurité, sa diversité et sa complexité.

La sécurité, en effet, recouvre en réalité une multiplicité de dimensions : matérielle (absence de danger ou de menace), mais aussi psychologique (tranquillité de l'âme) et pratique (garantie par l'État de la protection des droits, des personnes et de leurs biens, dispositifs qui assurent le bon fonctionnement d'une activité) (Gros, 2012).

C'est cette richesse qui tend à disparaître avec le glissement progressif d'une conception de la sécurité publique vers une sécurité plus « matérielle » (Bauman, 2014). Mais cette focalisation sur un unique aspect du concept de sécurité conduit, en retour, à une inflation normative et discursive en matière sécuritaire. L'élargissement du champ de la pénalité de l'infraction vers l'intention supposée (Robert & Zauberman, 2017), d'une part, articulé à la multiplication des discours favorisant une atmosphère de méfiance, de l'autre, conduit à un accroissement des lois restreignant toujours un peu plus le périmètre des libertés.

La sécurité ne se confond pas avec le sécuritaire

Si la sécurité est un méta-besoin dont la satisfaction est indispensable au bon développement et à l'épanouissement des individus, c'est également un puissant « ressort rhétorique » (Fœssel, 2016).

Son instrumentalisation et sa conversion en un désir de protection qui « sature l'horizon politique » permettent de reconstituer « une fiction d'unité », autour d'une « communauté de la peur » (*ibid.*), et ainsi de lutter contre les sentiments d'isolement et d'insignifiance mis en avant par Fromm. Mais, ce faisant, la solidarité au principe de la sécurité publique, plus « existentielle » (Bauman, 2014), laisse sa place à la vigilance et à la méfiance. Cette exigence de sécurité toujours plus forte apparaît disproportionnée face à la réalité des menaces, dans le contexte de sociétés occidentales qui n'ont sans doute jamais été aussi sûres.

L'extension du concept de sécurité semble désormais faire l'objet d'un consensus, et le débat éthico-politique entre liberté et sécurité tranché une fois pour toutes, dans le sens de l'assertion, pourtant particulièrement simpliste, selon laquelle la sécurité serait « la première des libertés ». « Ce couple conceptuel inséparable », s'il « fonde la possibilité d'une vie acceptable », se heurte à la recherche d'un équilibre qui n'a jamais été trouvé, le poids accordé à l'une et à l'autre des deux valeurs variant tout au long de l'histoire, ce qui témoigne de leur rapport à la fois irréconciliable et complémentaire (Bauman, 2014).

Les discours sécuritaires, visant à répondre au sentiment d'insécurité qu'ils entretiennent, provoquent donc une confusion sur l'objet de l'angoisse, notamment par déplacement de la cause. Aux craintes liées au contexte économique et social (peur de la précarité, de la pauvreté, du déclassement), mises en avant par les citoyens, les discours politiques s'efforcent de substituer la peur des violences, agressions, ou incivilités (Robert & Zauberman, 2017). Cette bascule relève de choix idéologiques et politiques qui participent à la production d'un « indéfinissable sentiment d'insécurité » (Courtine, 2017) et augmentent par là même la difficulté à saisir la nature de la sécurité recherchée (sécurité matérielle, existentielle, intérieure, tranquillité de l'esprit). La tendance à renoncer à certains de nos droits et libertés, que les récents états d'urgence ont à la fois révélée et renforcée, tient donc autant à l'efficacité des dispositifs de pouvoir, toujours prompts à convoquer la notion d'urgence, qu'à des facteurs psychologiques et à des dynamiques collectives. Il est ainsi indispensable que nous cessions d'abandonner la sécurité aux seuls politiques et que nous interrogions collectivement ses contours, sa fonction et son lien à la liberté, tout en interrogeant notre rapport à la peur.

Références bibliographiques

BAUMAN, Z., « Devoir de protection, protection des libertés : entre "surveillance liquide" et politiques sécuritaires », entretien réalisé par Olivier Hassid, *in* CHARDEL, P.A., *Politiques sécuritaires et surveillance numérique*, CNRS Éditions, Les Essentiels d'*Hermès*, 2014.

Bauman, Z., *Liquid fear*, Polity Press, 2006.

Beck, U., *La Société du risque. Sur la voie d'une autre modernité*, trad. de l'allemand par L., Bernardi, Éd. Aubier, 2001 [1986].

Courtine, J.J., « La peur, à l'âge de l'anxiété », *in* Corbin, A., Courtine, J.J., Vigarello, G. (dir.), *Histoire des émotions*, n° 3, Éd. Seuil, 2017, p. 307-325.

Foessel, M., *État de vigilance, Critique de la banalité sécuritaire*, Éd. Seuil, coll. « Points Essais », 2016.

Foucault, M., *Sécurité, territoire, population*, Éd. Gallimard/ Seuil, 2004.

Foucault, M., « L'éthique du souci de soi comme pratique de la liberté », *in Dits et Écrits IV*, 1980-1988, Éd. NRF Gallimard, 1984, p. 208-229.

Freud, S., *Introduction à la psychanalyse*, Éd. Petite Bibliothèque Payot, 2001 [1916-1917].

Fromm, E., *La Peur de la liberté*, Éd. Les Belles Lettres, 2023 [1941].

Gros, F., *Le Principe sécurité*, Éd. NRF Essais, Gallimard, 2012.

La Boétie, E., *Discours de la servitude volontaire*, Éd. GF, 2016 [1576].

Razac, O., *Avec Foucault après Foucault, Disséquer la société de contrôle*, Éd. L'Harmattan, 2008.

Robert, P., & Zauberman, R., *Du sentiment d'insécurité à l'État sécuritaire*, Éd. Le Bord de l'Eau, 2017.

L'État d'urgence, matrice coloniale-autoritaire de la Ve République

Eugénie Mérieau

L'état d'exception est le paradigme de gouvernement du XXIe siècle. Prenant acte de la mondialisation des états d'exception (états d'urgence, législations spéciales, pouvoirs de crise) post-11 septembre 2001, le constat est établi avec autorité par le philosophe Giorgio Agamben, dans *État d'exception* (2003). La résolution 1373 du 28 septembre 2001 du Conseil de sécurité des Nations Unies, initiée par les États-Unis, a notamment enjoint à tous les États du monde d'adopter des législations de type antiterroriste et à mieux contrôler leurs frontières, quitte à s'affranchir du droit international de protection des réfugiés, notamment du principe pourtant *jus cogens* de non-refoulement des demandeurs d'asile. La résolution sera suivie et mise en œuvre par tous les États du monde, de la Chine à la Russie en passant par les États membres de l'Union Européenne et les États-Unis.

La résolution 1373, sorte de « coup d'État » permettant au Conseil de devenir super-législateur global en outrepassant très largement ses attributions définies par la Charte de San Francisco, offre à d'autres organisations internationales une matrice de « prise de pouvoir » sur le même modèle. L'Union Européenne, pendant la crise des dettes souveraines, crée la troïka *ex nihilo* et s'ingère, en violation des traités, dans les affaires fiscales et budgétaires des États membres en prônant la généralisation de l'austérité, sous la forme d'un état d'exception économique. L'Organisation Mondiale de la Santé (OMS), pendant la crise sanitaire, n'hésite pas à soutenir la mise en place de législations d'exception à travers le monde, encore une fois sans fondement conventionnel. Demain, quelle agence internationale décrétera la crise climatique globale pour s'ériger en souverain mondial ?

Généalogie d'un déni colonial-autoritaire

S'il est admis par tous que l'état d'urgence est un paradigme pour le XXIe siècle, il est moins connu qu'il l'a aussi très largement été pour le XXe. C'est pourtant bien le cas, avec la généralisation irréversible du gouvernement par décret dans les démocraties parlementaires européennes. Notamment au double motif de l'urgence économique et de la guerre, aboutissant à l'existence de régimes entiers fondés sur un décret d'état d'urgence, comme le IIIe Reich ou le Chili de Pinochet. Mais il faut aussi mentionner l'inscription de l'état d'urgence dans les conventions internationales des droits humains, à l'instar de la Convention Européenne de Sauvegarde des Droits de l'Homme du Conseil de l'Europe (1950) et du Pacte International relatif aux Droits civils et politiques de l'ONU (1966).

Mais il était en fait déjà un paradigme pour le XIXe, avec la diffusion du gouvernement par loi martiale dans les colonies, et même pour le XVIIIe, avec les premières ébauches de lois martiales précédant les grandes déclarations des droits dans les premiers empires constitutionnalistes, France, Royaume-Uni et États-Unis en tête. Cet état d'urgence est l'enfant du constitutionnalisme des Lumières et de l'État de droit libéral. Walter Benjamin est peut-être celui qui l'a le mieux exprimé, en écrivant depuis le « point de vue des opprimés », ou encore des marges – le laboratoire clé étant la colonie –, que l'histoire de l'état d'exception contredit toute philosophie téléologique de l'histoire comme progrès (*Sur le concept d'histoire*, Thèse VIII). L'état d'urgence produit deux effets : un effet de droit objectif, de « prise de pouvoir » de celui qui décrète l'état d'exception, acte souverain par excellence ; et un effet de droit subjectif, de suspension des garanties des droits humains pour certaines catégories marginalisées de sujets de droit.

On pourrait ainsi imaginer un dialogue entre Montesquieu, comparant les empires du XVIIIe siècle à l'empire romain : « La liberté était dans le centre, et la tyrannie aux extrémités » (*De l'esprit des Lois,* XI, 19) ; Tocqueville, parlant de l'Algérie du XIXe : « C'est dans les colonies qu'on peut le mieux juger la physionomie du gouvernement de la métropole » (*L'Ancien régime et la révolution*, II, 5) ; et Jean-Marie Tjibaou, mort assassiné le 4 mai 1989 à Ouvéa, en Nouvelle-Calédonie : « En ce qui nous concerne, nous sommes sous état d'urgence depuis 130 ans » (*L'Humanité*, 26 janvier 1985). L'histoire constitutionnelle française peut, dès lors, être lue comme une parabole de cette histoire globale duale du constitutionnalisme et de l'état d'urgence. Sans remonter jusqu'aux Lumières, la Ve République est tout entière conditionnée par sa matrice d'état d'urgence, elle-même liée à sa généalogie coloniale, mais également à sa filiation avec la République de Weimar, une jeune république ayant provoqué sa propre suspension, *via* un recours permanent à sa clause constitutionnelle d'état d'urgence – l'article 48 –, permettant l'avènement du nazisme.

L'état d'exception colonial algérien, accoucheur de la Ve République

La Ve République naît dans l'état d'urgence algérien. En 1955, en réponse aux « événements » d'Algérie, est élaborée une loi « domestique » donnant aux forces de sécurité toute latitude pour agir sans tomber sous le coup des conventions de Genève. Une fois la loi du 3 avril adoptée, l'état d'urgence est immédiatement déclaré dans les départements formant l'Algérie française : ainsi la France n'est officiellement pas en guerre, les membres du FLN n'ont pas le statut de combattants et les personnes arrêtées ne peuvent prétendre aux mêmes droits que les prisonniers de guerre. En 1958, après le putsch d'Alger du 13 mai, l'état d'urgence est déclaré pour trois mois sur le territoire métropolitain. C'est à la faveur de celui-ci que le général de Gaulle, présenté comme l'homme providentiel, se voit attribuer les pleins pouvoirs pour réviser la Constitution de la IVe République par ordonnances.

La chronologie de l'application des états d'urgence en France fait apparaître un « *continuum* colonial », dont l'Algérie est la matrice. Ayant pour ancêtre la loi martiale de conquête de l'Algérie au XIXe siècle, puis le régime de l'indigénat qui y est ensuite imposé, l'état d'urgence algérien de 1955 migre vers le cœur de la métropole. Il amorce ce mouvement *via* les immigrés algériens, d'abord, notamment par un couvre-feu imposé aux seuls Algériens de Paris en octobre 1961. Puis, il le poursuit – en 2005, de 2015 à 2017, et enfin depuis 2017 – *via* son application aux personnes racisées, identifiées comme musulmanes et/ou d'origine algérienne, avec les différentes lois sécuritaires reprenant les dispositions de l'état d'urgence.

Ce *continuum* colonial se manifeste également à travers les trajectoires personnelles des anciens administrateurs coloniaux, demeurés hauts fonctionnaires sous la Ve République, comme Maurice Papon, par exemple, administrateur colonial puis haut fonctionnaire de Vichy, et enfin préfet de Paris lors de la répression du 17 octobre 1961. Il y a 200 ans, Tocqueville se demandait déjà comment gérer le retour en métropole de ces cadres coloniaux et gouverneurs militaires accoutumés à leurs pleins pouvoirs dans les colonies – exprimant ses craintes vis-à-vis d'une possible diffusion du droit martial algérien à Paris.

Ce *continuum* colonial se manifeste enfin dans les pratiques policières de maintien de l'ordre, de plus en plus militarisées, notamment dans les banlieues, et dont les opérations quotidiennes ressemblent de plus en plus à l'ancienne « pacification » coloniale. Ce parallèle était d'ailleurs déjà analysé par Michel Foucault dans les années 1970 : « Toute une série de modèles coloniaux ont été ramenés en Occident, avec pour résultat que l'Occident a pu pratiquer aussi sur lui-même quelque chose ressemblant à de la colonisation, ou un "colonialisme interne". » (1976.) L'état d'urgence contamine le droit et accoutume ceux qui l'utilisent : impossible de renoncer à de tels pouvoirs une fois que l'on y a goûté. C'est la grande leçon de Weimar, dont notre système constitutionnel a directement hérité.

La Ve République, héritière de l'état d'exception économique normalisé à Weimar

À l'image de ce qui se passe sous la République de Weimar, de l'autre côté du Rhin, le gouvernement par décret d'urgence se généralise en France, à la faveur d'un retour du gouvernement par décret de la colonie vers la métropole. L'Assemblée donne au gouvernement des habilitations de plus en plus larges et générales pour légiférer, sur des matières économiques, d'abord, pour faire face à l'urgence, puis sur toute matière. Le recours au décret-loi, mécanisme autorisant pour cause d'urgence une violation de la hiérarchie des normes – les décrets du gouvernement ayant force de loi –, se généralise dans les années 1930, et devient ordinaire sous le régime de Vichy.

Si les décrets-lois sont interdits par la Constitution de 1946, ils sont pleinement réhabilités sous la Ve République au nom de l'efficacité, nouvel avatar de l'urgence, et deviennent le mode premier de législation, *via* les ordonnances de l'article 38, mais aussi 11, 16 ou encore 47 et 47-1. Pour légiférer, la procédure accélérée, dite « d'urgence », de l'article 45 – une seule lecture dans chacune des chambres – est désormais la règle. La dépossession du Parlement, devenue notre normalité, est l'héritage direct de l'état d'exception : un « effet cliquet » aux conséquences considérables.

C'est avec l'adoption – encore sous état d'urgence – de l'élection du Président au suffrage universel direct, en octobre 1962, que la France sort du régime parlementaire pour se rapprocher de son modèle weimarien, hybride entre régime parlementaire et présidentiel, voulu par De Gaulle. L'élection directe du Président, couplée à ses prérogatives de décréter l'état d'exception, de consulter le peuple par référendum, et de dissoudre la Chambre sans être responsable devant elle, était précisément les caractéristiques novatrices de la Constitution de Weimar qui avaient tant fasciné les juristes de la IIIe République, notamment René Capitant, alors jeune agrégé de droit comme en témoignent ses publications de la période.

Celui-ci s'extasiait, dans ses écrits de 1932 sur le Reichpräsident, sur l'efficacité de la clause d'état d'urgence donnant les pleins pouvoirs au Président du Reich. C'est ce dispositif, en effet, qui permettait, à ce dernier, selon Capitant, de sauvegarder la jeune République dans des temps si troublés, en faisant adopter des budgets sans avoir à s'encombrer des interminables débats parlementaires, ou encore en nommant des premiers ministres sans avoir à demander l'investiture de la Chambre. Un modèle pour la France, alors en proie à l'instabilité gouvernementale et au « parlementarisme absolu » de la IIIe. L'article 48 de la Constitution de Weimar deviendra les articles 16 et 49 alinéa 3 de la nôtre.

Le Conseil Constitutionnel et le Conseil d'État, facilitateurs et alibis de l'état d'urgence

Alors que l'état d'urgence se normalise et se diffuse à la faveur de ses effets cliquets, ni le Conseil Constitutionnel ni le Conseil d'État ne jouent à son égard le rôle de garde-fou qu'ils sont censés incarner ; au contraire, ils sont tantôt son facilitateur, tantôt son alibi. La jurisprudence « état d'urgence » est d'abord une innovation du Conseil d'État, dans sa décision Heyriès de juin 1918. En l'espèce, le Conseil avait jugé qu'en cas de « circonstances exceptionnelles », l'administration pouvait déroger à la loi. Sur ce fondement, toute une jurisprudence des « circonstances exceptionnelles » s'est développée. La dernière en date remonte à la crise Covid et concerne la loi organique sur l'état d'urgence sanitaire, le Conseil Constitutionnel reprenant à son compte – tout en s'en défendant – la jurisprudence du Conseil d'État et jugeant que la violation manifeste de la Constitution se justifie alors par « des circonstances particulières[1] ». En matière d'état d'urgence sanitaire, tout comme dans la multiplication des états d'urgence antiterroristes, le Conseil d'État comme le Conseil Constitutionnel se sont illustrés par leur déférence vis-à-vis de l'exécutif.

En 2005, après les « émeutes de banlieue » à la suite de la mort de Zyed Benna et Bouna Traoré, l'état d'urgence est déclaré, mais le Conseil n'est pas saisi. Après les attentats du Bataclan, en 2015-2016 – alors que l'état d'urgence est renouvelé six fois –, puis avec la loi renforçant la sécurité intérieure et la lutte contre le terrorisme (SILT) de 2017 qui intègre les dispositions de l'état d'urgence au droit commun, il n'y a pas de saisine du Conseil *a priori*[2]. Pas même la loi sur l'état d'urgence sanitaire du 23 mars 2020 ne fait l'objet d'une telle saisine. À quelques exceptions près, les seules occasions pour le Conseil d'examiner ces restrictions aux libertés publiques

1. Décision n° 2020-799 DC du 26 mars 2020 – Loi organique d'urgence pour faire face à l'épidémie de covid-19.
2. *A priori* : Avant promulgation de la loi.

sont les Questions Prioritaires de Constitutionnalité (QPC), mécanisme de saisine *a posteriori*[3], introduit en droit français en 2010.

En réponse à ces QPC, et outre l'affirmation répétée que son contrôle est « maximal » car « de proportionnalité » sur les mesures prises en vertu de l'état d'urgence, le Conseil ne censure qu'à la marge. Sa censure la plus hardie est l'interdiction de la conservation des données informatiques saisies durant les perquisitions[4]. Il se contente sinon de quelques remarques incidentes : en substance, « il devra être mis fin à l'état d'urgence sanitaire lorsque ce dernier ne sera plus nécessaire[5] ». Pourtant, c'est à la justice constitutionnelle qu'est confiée la mission de contrôler l'état d'urgence et ses abus.

Finalement, c'est bien le Conseil constitutionnel qui facilite la création et la multiplication des états d'urgence législatifs, par sa décision de 1985 concernant l'état d'urgence en Nouvelle-Calédonie[6]. Le Conseil y affirme qu'il appartient au législateur – c'est-à-dire, en réalité, au

3. *A posteriori :* après promulgation de la loi.
4. Décision n° 2016-600 QPC du 2 décembre 2016.
5. Décision n° 2022-835 DC du 21 janvier 2022 – Loi renforçant les outils de gestion de la crise sanitaire et modifiant le code de la santé publique.
6. Décision n° 85-187 DC du 25 janvier 1985 – Loi relative à l'état d'urgence en Nouvelle-Calédonie et dépendances.

gouvernement – de créer des états d'urgence, et qu'il n'existe aucune incompatibilité à le faire *via* l'adoption de simples lois. Cette décision autorise ainsi la prolifération des états d'urgence législatifs : sous l'empire de la Ve République, cela signifie des états d'urgence par ordonnances, l'autre nom des décrets-lois coloniaux.

Découle de ce qui précède que les multiples états d'urgence législatifs, postcoloniaux et discriminatoires, existant sous l'empire de notre Constitution, ne représentent pas une « excroissance » du droit ou une anomalie anecdotique. À l'instar de l'article 16, cette compétence donnée tout entière au Président de la République de s'octroyer des « pouvoirs exceptionnels », lorsqu'il estime souverainement que les circonstances l'exigent, l'état d'exception généralisé représente bien, au contraire, la quintessence coloniale-autoritaire de la Ve République.

Références bibliographiques :

Agamben, G., *État d'exception*, Éd. Seuil, 2003.

Benjamin, W., *Sur le concept d'histoire*, Éd. Payot, 2013 [1940].

Capitant, R., « Le rôle politique du président du Reich », « Le président du Reich », *in Écrits d'entre-deux guerres* (1928-1940), Éd. Panthéon-Assas, 2016.

FOUCAULT, M., *« Il faut défendre la société ». Cours au Collège de France, 1976*, Éd. Seuil, 1997.

LAMBERT, L., *États d'urgence. Une histoire spatiale du continuum colonial français*, Éd. Premiers matins de novembre, 2021.

MÉRIEAU, E., *Géopolitique de l'état d'exception : Les mondialisations de l'état d'urgence*, Éd. Cavalier Bleu, 2024.

MÉRIEAU, E., *Constitution*, Éd. Anamosa, 2025.

MONTESQUIEU, C.L., *L'Esprit des Lois*, Éd. Flammarion, 1979 [1748].

TOCQUEVILLE, A., *L'Ancien régime et la Révolution*, Éd. Folio, 1967 [1856].

Le contre-droit des vies dénudées : sortir de l'acommunication politique

David Jousset

La rhétorique de l'urgence est fréquemment utilisée pour aborder la question de l'exclusion sociale. Le développement, en France puis à l'international, de Services d'aide mobile d'urgence, ou Samusocial, en est un emblème. De même, les discours sur la « crise du logement », qui reprennent la trame de celui sur les crises humanitaires justifiant une « aide d'urgence », sont un autre marqueur de la diffusion d'un nouveau regard sur la pauvreté. Ce regard est partagé entre deux orientations complémentaires : une dépolitisation de la personne en situation de pauvreté et la participation à une biopolitique de gestion des populations marginalisées. D'un côté, le pauvre est réduit à un corps en souffrance, de l'autre les pauvres sont un élément du corps social à traiter. Ce traitement peut aller jusqu'à contribuer à leur invisibilisation, comme en témoigne la collaboration du Samusocial au déplacement des personnes sans domicile fixe en dehors du Paris des Jeux olympiques.

Une singularité du regard contemporain sur la grande pauvreté est donc la négation larvée de l'autre dans sa dimension politique. C'est là une situation d'acommunication politique qui caractérise l'exclusion. Les personnes exclues non seulement n'ont pas accès au commun, à commencer par la jouissance de leurs droits sociaux, mais elles sont niées en tant que contributrices à cet être en commun. Nous pouvons retrouver ici la théorisation de l'acommunication par Dominique Wolton : « L'acommunication constitue la radicalisation de l'incommunication, on n'arrive plus à trouver les mots qui peuvent faire des ponts. Il n'y a plus que des murs [...]. Le refus de l'autre, avec une volonté soit de le dominer soit de le nier », jusqu'à la forme extrême de la guerre civile, car « l'acommunication, c'est la fin des règles [...], c'est sortir des codes et s'autoriser à tout » (2019). La violence sociale systémique de l'exclusion participe de cette invisibilisation, au point que ses victimes demeurent souvent des « morts de la rue » anonymes, qu'une étude de l'Inserm estime à plus de 2000 par an en France[1]. Or, il faut souligner ici un point de basculement où il demeure sans doute possible de sortir de l'impasse de l'acommunication et de l'abandon politique : le retournement possible du droit.

1. https://www.medecinsdumonde.org/app/uploads/2023/10/Rapport_CMDR_2022.pdf

Certes, les « règles » ne sont pas par elles-mêmes suffisantes à rétablir une égalité dans le jeu social, car elles participent aussi d'une logique de domination. Pourtant, le système du droit peut devenir le levier d'une reconnaissance des vies humiliées. Plus profondément, ce sont les personnes dont les droits sont niés qui peuvent devenir les garantes d'un ressourcement du droit dans sa mission primordiale de départager les existences dans la justice.

La pauvrophobie, une haine de l'autre socialement instituée

Il s'agit de penser un type de violence, l'état d'exclusion, comme état d'urgence permanent. Vivre en exclusion, c'est effectivement subir un cumul de violences durables. L'état d'être nécessiteux contraint à vivre dans l'insécurité sociale, affective, existentielle. Les personnes pauvres ont exprimé le constat que l'état d'urgence sanitaire, vécu pendant l'épidémie de la COVID, suspendant brutalement tous les projets et toutes les activités sociales, était pour elles leur condition de vie habituelle (Jomini, 2023). Mais pourquoi évoquer pour autant une violence sociale et non pas plutôt considérer des dysfonctionnements socio-économiques ? Parce que l'exclusion n'est pas un fait structurel mais une pratique d'hostilité. Une étude internationale a permis de redéfinir la pauvreté dans l'ensemble de ses dimensions en constatant, comme une constante transculturelle, que la pauvreté était une maltraitance institutionnelle et une maltraitance sociale (ATD, 2019). La maltraitance institutionnelle, c'est le fait d'être discriminé par le fonctionnement même d'une institution. Par exemple, les algorithmes de la Caisse d'allocation familiale française ciblent leur contrôle en priorité sur les familles à faible revenu, selon le principe de défiance qu'un pauvre est structurellement un fraudeur en puissance – principe contredit par toutes les études statistiques (ATD, 2025)[2]. Cette pauvrophobie, critère retenu par la Haute autorité de lutte contre les discriminations et pour l'égalité, repose bien sur une forme de haine sociale à bas bruit : être stigmatisé comme un individu infréquentable, un « cas social », marqué d'un tabou, d'une « malédiction ». Cette maltraitance sociale quotidienne commence par le regard qui nous met à nu.

Des vies dénudées

Les personnes ayant l'expérience de la grande pauvreté expriment ce premier apport du savoir

2. Cf : *Algorithmes et décisions publiques*, CNRS Éditions, coll. Les Essentiels d'*Hermès*, 2022.

d'expérience : être exclu, c'est être condamné à mettre sa vie à nu. Une vie exposée au regard dévisageant, au jugement, à l'évaluation par les autres de votre dépendance, à être racontée par d'autres, à être analysée comme objet de science sociale, pensée par d'autres. Giorgio Agamben a conceptualisé la « vie nue » comme une vie maintenue dans un état d'exception permanent (1995). Cette vie, isolée dans sa seule survie (en grec *zoè*, la vie zoologique) et séparée de sa puissance de mettre en forme sa vie (en grec *bios*, la vie biographique), serait le produit d'une exclusion fondatrice du dispositif politique occidental. La vie dénudée des exclus est, pour sa part, le résultat d'une histoire sociopolitique contingente. La vie exclue est dénudée par des agirs sociaux et des pratiques institutionnelles de l'exclusion. L'unité à reconquérir, dès lors, est moins celle d'une puissance du vivre en soi-même, comme le propose Agamben, mais bien davantage l'unité d'une puissance de coexister, d'où l'impératif d'une justice de contribution.

Le contre-droit subi

La suite de ces réflexions s'appuie sur les résultats d'un séminaire international de philosophie sociale ayant rassemblé, pendant quatre ans, en tant que cochercheuses et cochercheurs à parité, des personnes ayant l'expérience de la grande pauvreté, des volontaires permanents partageant leur combat contre la misère et des philosophes de métier (Jomini, 2023). Parmi les thématiques problématisées, a été retenue la notion du droit. Or, pour les vies surexposées des personnes en situation de pauvreté, la première expérience du droit est celle de son ambivalence : le droit présente à la fois une face protectrice et une face punitive. Ainsi, la notion d'« aide punitive » proposée par l'anthropologue Paul Dumouchel (Tardieu, 2018) permet de comprendre, par exemple, qu'une aide sociale soit conditionnée à une rupture de liens, *via* l'injonction à une séparation conjugale avec un conjoint évalué comme violent dans le passé, sous la menace sinon d'un placement des enfants. Ainsi, le droit impose une norme de vie, conditionne ses bénéfices à une normalisation de la vie menée. Cette ambivalence se polarise dans un retournement du droit contre ses bénéficiaires : le droit se retourne contre les personnes qu'il est censé protéger (Baeriswyl & Jullien, 2024).

Un « droit contre » à plusieurs modalités

Généralement, le droit exprime un rapport de domination : conçu par des personnes sans expérience de l'exclusion, il fonctionne comme un outil de renforcement de l'exclusion, comme un accélérateur d'inégalités. Ainsi, dans de nombreux pays, les droits économiques accentuent la dépossession des sujets sans capital, l'accaparement des ressources, la privatisation des biens communs, etc.

L'inversion du droit est encore manifeste quand le droit produit des zones de non droit. Une personne militante ayant la connaissance de l'exclusion a cette réflexion : « Les très pauvres sont comme en temps de guerre, ils ne sont pas prioritaires, ils sont abandonnés. [...] La grande misère est comme un état d'urgence où les droits des plus pauvres sont paralysés. » (Jomini, 2023.) Ainsi, dans des pays non occidentaux, l'adoption de l'état d'urgence sanitaire a généralisé des interdits littéralement invivables pour une partie de la population (le confinement empêchant les marchés informels, principaux lieux d'alimentation). Le droit invivable accule à des comportements de transgression, en ignorant sa propre inapplicabilité : que signifie l'injonction « restez chez vous » pour les migrants en transhumance ?

Le fonctionnement même du droit exclut certaines personnes de la sphère du droit. Par sa violence symbolique (son langage incompréhensible aux non-juristes, sa complexité, ses procédures opaques), le droit comme système empêche certains justiciables d'obtenir leurs droits. Derrière la notion contestable de « non-recours au droit » se cache essentiellement un impossible accès à ses droits.

Le contre-droit actif

C'est ici que les personnes qui ont l'expérience de l'injustice apportent un premier renversement du « droit contre » en contre-droit. Les personnes exclues ne réclament pas une législation d'exception, encore moins une contre-violence réactive pour se faire justice. Elles en appellent au droit contre son dysfonctionnement. Elles refusent l'injustice de la décision juridique pour réaffirmer la mission originaire du droit au service de la justice sociale. Par exemple, il est proposé l'instauration d'un droit de veto exercé par un médiateur des droits qui aurait accès à la « parole-source de l'expérience des familles qui se battent contre la pauvreté » (Jomini, 2023). Ceci participe d'une insurrection pour le droit : renverser la violence interne de ce dernier pour le rétablir dans son honneur, c'est-à-dire non seulement dans sa fonction protectrice des personnes en situation de vulnérabilité, mais plus encore dans sa fonction fédératrice des citoyens.

Dimensions juridiques de la lutte contre l'exclusion

Dans quelle mesure cette notion d'un contre-droit n'est-elle pas l'invocation d'une impuissance politique à établir la justice sociale ? Quels sont les rapports intrinsèques entre la lutte contre l'exclusion et les dimensions du droit ?

En première hypothèse, nous pouvons considérer que la lutte contre l'exclusion s'est jouée sur le terrain du droit sous l'impulsion de mobilisations sociales. L'alliance d'organisations autour d'ATD Quart Monde, par exemple, a permis la mise en place du Revenu minimum d'insertion (1988-2009). De même que la mobilisation contre le mal logement, en particulier *via* la Fondation pour le Logement des défavorisés (à l'époque fondation Abbé Pierre), a permis l'adoption de la loi instituant le droit au logement opposable en 2007, et antérieurement dans une jurisprudence du Conseil constitutionnel dès 1995.

De ces exemples se dégage le principe qu'une politique anti-exclusion formalisée par des dispositifs juridiques est un critère de la démocratisation d'une démocratie (Balibar, 2016). D'où le fait d'évaluer les politiques étatiques, comme les politiques internationales de développement, à partir des plus pauvres : selon la devise du Conseil économique, social et environnemental français, « considérer les progrès de la société à l'aune de la qualité de vie du plus démuni et du plus exclu est la dignité d'une Nation fondée sur les droits de l'Homme ».

Le deuxième principe est que le combat juridique des exclus vise un droit de tous pour tous, c'est-à-dire une universalisation véritablement englobante, sans effet de sélection (« écrémage », effet de seuil, critères de sélection). Dans les politiques internationales, c'est le tournant qui a consisté dans l'adoption du principe de « n'abandonner personne » par les agences de l'ONU, les Objectifs de développement durable (ODD) prônant non pas une réduction partielle de la pauvreté mais son élimination totale. Ce droit pour tous n'est pas un élargissement magnanime du droit des nantis, mais une production juridique à partir des besoins sociaux, un « droit par en bas », indissociable d'une mobilisation sociale et de la participation durable des acteurs de terrain. Tel le système d'assurance santé créé en Haïti à partir d'un projet pilote de centre de santé communautaire, qui a vu l'appropriation collective d'un véritable « droit des gouvernés ». Au sens où l'entend Foucault : une sauvegarde des libertés qui permet aux gouvernés de défendre la façon et les limites dans lesquelles ils veulent être gouvernés, un « droit absolu à se lever et à s'adresser à ceux qui détiennent le pouvoir », au nom d'une « citoyenneté internationale », car « nous sommes tous des gouvernés et, à ce titre, solidaires » (1984). Le principe de non-abandon reprend, dans ses intentions, une des préoccupations constantes de Wresinski : la volonté d'atteindre les plus pauvres, comme garantie de notre exhaustivité et de notre sincérité. L'adresse de Wresinski aux volontaires du mouvement ATD Quart Monde, le 17 novembre 1977, place au centre de l'alliance entre exclus et non exclus cette mission de veille sur la réelle universalité de l'action politique : « Vous êtes les garants que les exclus seront les premiers bénéficiaires des changements, que ceux-ci seront assez radicaux pour ne plus laisser personne de côté. » (Cité par Jean Tonglet, *in* Jousset, 2019.)

Le ressourcement du droit commun

Pourquoi l'exclusion fournirait-elle une position normatrice permettant d'évaluer une politique ? L'exclusion n'est-elle pas, plutôt qu'une garantie d'exhaustivité, la marque d'un manque, d'une impossible totalisation, la part des sans-part, pour reprendre l'hypothèse de Jacques Rancière ? Pour ce dernier, l'enjeu même du politique est un litige sur l'existence d'une part des sans-part. Là où la police partage la société sans reste, chaque groupe à sa place, la politique détourne cet ordre social en inscrivant « en supplément de tout compte des parties de la société une figure spécifique du compte des incomptés ou de la part des sans-part » (2018). Pour comprendre comment l'expérience de l'exclusion peut devenir la condition d'une universalité non excluante, nous pouvons revenir à une situation historique décisive. L'analogie entre le refus de la déshumanisation totalitaire et le combat contre l'exclusion se situe dans un rapport au droit en commun. C'est depuis l'extrême des camps nazis qu'a pu être posée la notion juridique de « crime contre l'humanité » (Tribunal international militaire, Nuremberg, 1945) puis conçue la « Déclaration universelle des droits humains » (Paris, 1948[3]), comme affirmation d'un droit commun de l'être humain.

De même, c'est depuis l'extrême de la misère que peut être comprise l'indivisibilité des droits, à partir de l'indivisibilité de l'humanité. Dans la pensée de Wresinski, l'expérience des plus pauvres donne accès à une connaissance juridique.

Premier retournement : non seulement les droits humains sont inséparables, droits fondamentaux comme droits sociaux, mais les droits sont corrélés à des responsabilités, puisque les droits fondamentaux sont à comprendre comme ces responsabilités civiques, sociales, familiales, culturelles dont l'absence d'exercice caractérise la grande pauvreté ou exclusion (1987). Il ne s'agit pas de devoirs des porteurs de droit, selon l'injonction d'une compensation qui devient rapidement une conditionnalité relativisant les droits (le droit au travail à condition d'employabilité, par exemple). Il s'agit de « responsabilités

3. La Déclaration a été signée au Palais de Chaillot, jouxtant le parvis des Droits de l'Homme où se situe la Dalle inaugurée en 1987 qui commémore les victimes de la misère par ces mots de Joseph Wresinski, où la référence au droit est centrale : « Là où des hommes sont condamnés à vivre dans la misère, les droits de l'Homme sont violés. S'unir pour les faire respecter est un devoir sacré. »

pour le bien des autres » (Wresinski, 2007). Cela signifie qu'avoir des droits, c'est être reconnu comme humain, donc comme contributeur de l'humanisation. Le droit à l'éducation, c'est le droit d'entrer dans une histoire de transmission et d'honneur partagé, y compris si la mémoire familiale a été fragmentée par les placements, les déplacements forcés, les archives brûlées, les réputations diffamées.

Second retournement : les droits humains des déniés de droit se révèlent corrélés au « devoir absolu à l'engagement des autres à [leur] service », ce qui va au-delà d'un devoir de solidarité subjective (générosité) ou publique (assistance), mais correspond à un « partage de vie et de combat » (*Ibid.*). Les droits sociaux sont une dette de la société envers les dépossédés, dette qui ne s'inscrit pas dans une logique de contre-don indéfini et culpabilisant, mais dans une fraternité. La fraternité, en effet, c'est le « droit de partager le meilleur » avec son égal (2018). La fraternité s'exerce dès lors que chacun partage le meilleur de soi par sa contribution à la vie sociale, culturelle, politique.

Troisième retournement : les droits humains s'affirment et se défendent dès lors dans une coresponsabilité des droits à s'accorder mutuellement. Cette formulation renvoie à un ordre juridique coexistentiel immanent à la vie partagée, nommé ici droit de la vie partagée.

Vers un droit de la vie partagée

On peut conclure en esquissant trois niveaux d'interprétation de la notion.

D'une part, il s'agit d'un droit à la vie commune, sans exclusivité, d'où le refus des mesures d'exception comme des régimes spécifiques ou privilèges, et sans exclusion, d'où le refus des discriminations et des régimes différenciés de droits subalternes.

Il s'agit ensuite d'un droit à partager sa vie : contre l'injustice de transmission, la justice de contribution implique de pouvoir partager le meilleur de son existence comme contribution à l'humanisation mutuelle.

Enfin, on peut entendre un nouveau régime du droit : un droit immanent à la vie en partage. Si l'horizon du projet d'Agamben est de penser la possibilité d'un droit post-souveraineté, un droit qui ne prenne pas de pouvoir sur les autres, il se peut que la pensée issue de l'expérience des vies dénudées, vécues sous la forme d'un « état d'urgence » permanent, propose une piste : le droit comme partage du vital. Nous avons droit à ce qui nous permet de coexister dans le plus intensif partage de nos vies. Ne serait-ce pas retrouver le sens étymologique de la notion grecque de la loi, le *nomos* provenant de *nemein*, « partager » les lots de l'existence pour pouvoir vivre ensemble dans une loi commune des mortels ?

Références bibliographiques :

AGAMBEN, G., *Moyens sans fins. Notes sur la politique*, Éd. Payot & Rivages, 1995.

ATD Quart Monde – Université d'Oxford, *Les dimensions cachées de la pauvreté*, Recherche participative internationale, 2019, en ligne sur https://www.atd-quartmonde.org/nos-actions/changer-la-societe/plaidoyer-international/dimensions-cachees-pauvrete/, page consultée le 30 mai 2025.

ATD Quart Monde, *En finir avec les idées fausses sur la pauvreté : maltraitance institutionnelle*, Éd. de l'Atelier, 2025.

BAERISWYL, J.-M., JULLIEN, S., « Le droit, un rendez-vous manqué avec l'émancipation ? », *Délibérée*, n° 22, vol. 2, 2024, p. 21-27.

BALIBAR, E., « Démocratisations », *Vacarme*, n° 76, vol. 3, 2016, p. 136-141.

DUMOUCHEL, P., « Au-delà du sacrifice inutile : René Girard et Joseph Wresinski », *in* Tardieu B., TONGLET J. (dir.), avec le concours de JOUSSET D., NOYER B., *Ce que la misère nous donne à penser, avec Joseph Wresinski*, Éd. Hermann, 2018, p. 175-189.

FOUCAULT, M., « Face aux gouvernements, les droits de l'homme », *Libération*, 30 juin-1er juillet 1984, *in* texte 355, *Dits et écrits*, Éd. Gallimard, coll. « Quarto », 2001 (1994), p. 1526-1527.

JOMINI, F., JOUSSET, D., POCHÉ, F., TARDIEU, B., *Pour une nouvelle philosophie sociale. Transformer la société à partir des plus pauvres*, Éd. Le Bord de l'Eau, 2023.

JOUSSET, D., TARDIEU, B., TONGLET, J., *« Les pauvres sont nos maîtres » ! Apprendre de ceux qui résistent à la misère, le paradoxe Wresinski*, Éd. Hermann, 2019.

RANCIÈRE, J., « Dix thèses sur la politique » (1996), *in Aux bords du politique* (1998), Éd. Gallimard, coll. « Folio essais », 2018, p. 239.

Wolton, D., « Communication, incommunication et acommunication », *Hermès, La Revue,* n° 84, vol. 2, 2019, p. 200-205.

Wresinski, J., « Grande pauvreté et précarité économique et sociale », *Rapport du Conseil économique et social*, Journal officiel, 28 février 1987.

Wresinski, J., *Refuser la misère. Une pensée politique née de l'action*, Éd. Cerf Quart Monde, 2007.

Wresinski, J., « Réflexions du père Joseph Wresinski à des alliés », 9 novembre 1980 : « Lutter pour les droits de l'homme, c'est lutter pour le droit d'être un homme », *Revue Quart Monde* n° 203, (2007), *in* Tardieu, 2018, p. 511.

Critiques de l'urgence et revendication démocratique

Marion Pollaert

L'état d'urgence désigne l'octroi de pouvoirs exceptionnels aux autorités exécutives ou administratives, justifié par une menace grave ou une situation critique, et entraîne une réduction des contrôles sur les mesures de surveillance et de répression. Il s'agit, ainsi, de « circuits juridiques parallèles <à ceux habituels>, plus permissifs et moins protecteurs des droits fondamentaux » (Adamska, Hegemann & Ries, 2024). Si la notion n'est ni purement descriptive ni purement idéologique (Goupy, 2016), il faut en situer le nœud dans un certain recul des libertés (Saint-Bonnet, 2021), ou un recul de tous les marqueurs qui définissent l'État de droit ou un gouvernement démocratique (Basilien-Gainche, 2013). De là, il est possible de faire de l'état d'urgence, ou de l'état d'exception – ce moment où le droit prévoit sa propre suspension, fût-elle partielle – l'explicitation de ce qui reste à l'arrière-plan de son application habituelle : le fondement violent de tout droit, la « co-implication de la violence et du droit » (Derrida, 1999). Quels sont les enjeux normatifs qui sous-tendent la notion d'état d'urgence, notamment dans son conflit avec un exercice démocratique du pouvoir ?

Sans nier la dimension fondamentalement politique de tout état d'exception ni son lien avec le pouvoir souverain, nous nous intéresserons plutôt à la généralité et à la facilité avec laquelle ce droit d'exception s'applique et se généralise (Bigo et Bonelli, 2018). Parce que les pouvoirs d'exception, mis en œuvre par l'état d'urgence, dépendent d'une décision centrale étatique, il semble en première instance se situer de manière privilégiée au niveau du pouvoir souverain (Butler, 2005). Parallèlement, l'état d'urgence se déploie dans des évolutions juridico-politiques, notamment par un accroissement des formes administratives de contrôle, et ne se réduit donc pas à la décision souveraine.

En mettant l'accent sur l'urgence qui nous place – supposément – face à une nécessité, plus que sur l'exception, il faut surtout prendre au sérieux une tension. Si l'état d'exception peut, chez Schmitt et Agamben, exhiber le fondement même du politique – ou du moins la légitimité d'une décision irréductible au droit –, il n'empêche que le régime de nécessité qu'implique l'urgence peut constituer un outil de dépolitisation très fort. En effet, l'urgence peut constituer un mécanisme de légitimation qui soustrait au débat politique les décisions prises sous ce régime de fonctionnement. Schmitt et Agamben font de l'état d'exception la modalité du pouvoir politique par excellence tandis que la qualification publique de l'urgence ou de l'exception se trouve dépolitisée. Celle-ci s'énonce d'emblée comme légitime, au-delà des débats : la contrainte s'impose aux gouvernant·es et aux gouverné·es sans qu'elle ait fait l'objet d'une décision politique. Ici se tisse un lien avec la figure stylistique du TINA, *there is no alternative* (Stiegler, 2019), par référence à la façon dont, en 1980, Thatcher justifiait des décisions politiques de marchandisation et de libéralisation en les qualifiant de nécessaires. Le recours à l'état d'urgence se présente comme l'une des figures d'un « cercle de la raison », que l'un de ses défenseurs, A. Minc (Gauchet, 1995), définit de façon transparente comme une prédéfinition de ce qui peut faire l'objet du débat public. Si les états d'urgence sont tout à fait propres à se fondre dans un ordre social dépolitisé, voire le renforcent (Goupy, 2016), comment sortir de ce « cercle de la raison » ?

États d'urgence et dépolitisation néolibérale

Le recul des libertés imposé à travers l'état d'urgence constitue, dans une démocratie libérale, un compromis qui vise à garantir la survie de l'appareil d'État et, au-delà, la survie d'un régime qui garantit ces libertés mêmes. C'était déjà le raisonnement de Montesquieu, dans *L'Esprit des lois* : « Mais, si la puissance législative se croyait en danger par quelque conjuration secrète contre l'État, ou quelque intelligence avec les ennemis du dehors, elle pourrait, pour un temps court et limité, permettre à la puissance exécutrice de faire arrêter les citoyens suspects, qui ne perdraient leur liberté pour un temps que pour la conserver pour toujours. » (1748.)

Cette idée d'un compromis temporaire constituerait en soi une garantie, du fait du maintien de certains contre-pouvoirs ou d'un contrôle *a posteriori*. Néanmoins, le caractère temporaire, transitoire est déjà mis en question par ladite « guerre contre le terrorisme », appelée à durer indéfiniment (Manin, 2008). Le caractère exceptionnel de ce compromis semble également contraster avec les nombreuses études, qui relèvent la généralisation – inquiétante pour ces mêmes libertés qui font la finalité de l'état d'urgence – du recours à des mesures d'exception et la contamination du droit commun par ce droit d'exception. Par exemple, la loi SILT de 2017 répond aux prorogations successives de l'état d'urgence de 2015 à 2017. Plus largement, « la contamination de l'état d'urgence ne se résume pas simplement à une migration de textes dérogatoires vers le droit commun », mais se traduit aussi dans les pratiques judiciaires par un glissement progressif du régime de la preuve vers celui de la dangerosité (Bourdon, 2017). À la fausse évidence enseignée par Montesquieu s'oppose cette citation de Thiers : « La République sera pour longtemps la liberté tempérée par l'état de siège. »

Comment interpréter la généralisation de ce qui devait rester exceptionnel ? Marie Goupy explique comment on passe d'un état d'exception, mobilisé par Schmitt contre le normativisme qui sous-tend l'État de droit, à un état d'urgence aisément soluble dans les pratiques de gouvernement néolibérales (2016).

Le décisionnisme de Schmitt met en évidence l'incapacité de l'ordre libéral à produire les conditions d'application du droit, et vise plus largement l'insuffisance constitutive de tout normativisme. Le libéralisme auquel Schmitt s'oppose s'est élaboré dans la résistance à l'absolutisme étatique et à toute domination politique qui menacerait des libertés. Par cette relativisation du pouvoir de l'État, en opposition à toute violence souveraine, le libéralisme se révèle selon lui négation du politique, ou antipolitique. Les conditions d'effectivité de l'application des normes ne peuvent être produites par ces normes légales elles-mêmes, notamment du fait des bouleversements sociologiques d'alors (Goupy, 2016). La dépolitisation incarnée par le normativisme conçoit un ordre immanent, autonome à l'égard du politique, et une science juridique purement technique.

Une telle dépolitisation peut être détectée plus largement derrière toute technicisation du débat public qui s'en remet à des experts (Stiegler, 2019) ou à des régulations qui s'affirment comme non politiques, voire comme de simples rationalisations dans le cas de l'économie. Plus généralement, faire le constat d'un tel ordre social dépolitisé présuppose l'opposition du social et du politique.

Dès lors, l'état d'urgence, pensé comme situation d'exception, radicalise le caractère inévitable d'une transcendance à cet ordre purement juridique : la crise, l'urgence, que le droit ne peut, par définition, jamais pleinement anticiper. De là, Schmitt élabore une « stratégie de repolitisation brutale de l'ordre juridico-politique libéral ». Le paradigme de la décision souveraine dessine chez lui la seule sortie de crise envisageable et confine à la décision autoritaire.

Alors qu'il est tentant de voir, dans la critique schmittienne, une esquisse de solution face à un néolibéralisme aux accents technocratiques, M. Goupy met en évidence que l'état d'exception schmittien obéit toujours aux coordonnées de l'ordre libéral qu'il critique et, pour cette raison, lui offre aussi le moyen de son maintien. À la faveur d'une alternance brutale entre autorégulation technique et crises politiques réglées illibéralement, qui oppose situations ordinaire et extraordinaire (2016). Cette supériorité du politique oppose une souveraineté absolue à toutes les limites légales, à toute autorité concurrente, à toute légitimité alternative émanant, par exemple, de la société civile. Cette doctrine théologico-politique, qui fait écho aux convictions nazies de Schmitt, légitime l'absence de contre-pouvoirs. Mais plus encore, cet État fort possède, parmi ses prérogatives, celle de définir ce qui est politique et ce qui ne l'est pas.

Le principe d'une alliance possible entre ordre néolibéral dépolitisé et décisionnisme autoritaire éclaire les formes de gouvernance mixtes que la pandémie de Covid-19 a vu émerger. Ces régimes mixtes appellent la distinction entre état d'exception et état d'urgence : « Les états d'urgence ont leurs logiques propres qui rendent caduques de vouloir les placer du côté de l'État de droit ou de l'État d'exception. » En s'appuyant notamment sur un « despotisme administratif du quotidien – où la suspicion prédictive s'oppose aux libertés publiques issues des révolutions qui ont imposé des limites à l'État par le droit » (Bigo, Bonelli, 2018).

Fins et moyens : si l'urgence est « exception », qu'est-ce qui est « normal » ?

Toute action politique consiste à organiser le temps et à hiérarchiser entre fins et moyens, entre urgence et temps long. Le recours à la rhétorique de l'urgence sert souvent la « nécessitation » de décisions hautement politiques par un argument technocratique qui confine à la dépolitisation, en réduisant toute réponse à l'alternative entre coupable naïveté ou adhésion sécuritaire. Comment critiquer l'état d'urgence sans nier la dangerosité indéniable de telle situation ou le caractère catastrophique de telle autre ? Comment justifier nos propres recours à cette rhétorique quand la plus grande urgence à répondre au manque de services publics se voit hiérarchisée par rapport à l'impératif d'un réarmement européen ? L'urgence constitue la figure stylistique d'une rationalité politique mobilisée par le pouvoir : hiérarchiser pour agir. En se penchant sur les usages de l'urgence, il est légitime de se demander si la temporalité habituelle, dite normale par différence avec l'état d'urgence, suit réellement un cours normal (Angeli Aguiton, Cabane, Cornilleau, 2019). Si les pratiques politiques jouent constamment de la « mise en crise » et que l'état d'urgence, à travers différentes dispositions, se trouve inscrit dans le droit commun, il faut s'interroger en retour sur la possibilité de le mettre en question sans se contenter de hiérarchiser les urgences, en déclarant que telle question l'emporte sur une autre, tout en continuant à mobiliser le même régime de rationalité.

Si l'urgence est un appel à l'action la plus immédiate possible, elle se modalise à travers des médiations politiques, dont l'appel peut aussi faire l'objet d'une instrumentalisation politique. Par exemple, la comparaison de différentes réponses au terrorisme révèle des différences de cultures politiques (Hegemann, 2024). La dépolitisation que produit la « nécessitation » par l'urgence occulte ces médiations d'ordre politique et s'oppose à la délibération démocratique, voire à la possibilité même d'un débat contradictoire.

Pour prendre l'exact contre-pied de la transcendance identifiée par Schmitt du politique au monde social, et en réponse à la gouvernance administrative détectée plus haut, Foucault postule que les relations de pouvoir transissent toutes les interactions sociales. En se dotant du schème de la discipline, il détecte un exercice du pouvoir multipolaire et donc une grille de lecture alternative à la matrice commune au néolibéralisme comme à Schmitt, qui pensent la notion de politique sous une figure de l'exception, transcendante à l'ordre social (quand bien même elle le sous-tendrait).

En outre, l'exercice du pouvoir par des dispositifs disciplinaires n'exclut pas sa complémentarité avec des crises résolues verticalement et souverainement. Foucault l'explicite : « l'État, c'est une pratique » plus qu'une « chose », c'est-à-dire, une certaine manière de gouverner, de conduire les conduites, de structurer le champ d'action éventuelle des autres.

Une autre rationalité politique : identité d'objectif et de processus

Foucault ménage la possibilité de lire l'exercice du pouvoir comme rationalité spécifique. En opposant « système de légalité » et « pacte de sécurité », il pointe une « sollicitude omniprésente » de l'État, qui fait écho aux mécanismes de suspicion et aux pratiques de gouvernementalité distinctes de la vieille forme du pouvoir souverain, tout en se combinant à elle (1977). Dès lors, se réclamer de droits garantis par le souverain est inefficace : « Ce qu'il faut remettre en question, c'est la forme de rationalité en présence. [...] La question est : comment sont rationalisées les relations de pouvoir ? La poser est la seule façon d'éviter que d'autres institutions, avec les mêmes objectifs et les mêmes effets ne prennent leur place. Des siècles durant, l'État a été l'une des formes de gouvernement humain les plus remarquables, les plus redoutables aussi. […] La libération ne peut venir que de l'attaque […] des racines même de la rationalité politique. » (1986.)

La formulation peut d'abord paraître exceptionnellement vague. Mais l'analyse de la normativité sous-jacente à l'état d'urgence permet de mieux distinguer le type de « rationalité politique » qu'il recouvre, et qui interroge notamment l'articulation d'une « norme rationnelle » à une décision politique – dont les régimes néolibéraux ont pu jouer dans le sens d'une dépolitisation. La rationalité politique fonctionne fondamentalement comme articulation des moyens et des fins (déjà chez Aristote). Tout état d'urgence procède de cette rationalité, comme Montesquieu le clarifiait en soulignant que nous ne renonçons à des libertés qu'avec la garantie de les recouvrer. La voie de sortie d'un tel « cercle de la raison », Foucault l'élabore comme la possibilité de débattre du cadre même d'organisation qui est le nôtre, ce qu'il appelle « rationalité politique ».

Déjouer cette rationalité politique peut passer par le modèle de l'auto-organisation, qui constitue une virtualité de la pensée de Foucault détectable dans sa description de Solidarnosc (Sauvêtre, 2015), loin de ses affinités avec un certain libéralisme (Zamora, 2022) : « Ce qu'il y a de remarquable dans toute l'histoire du mouvement Solidarité, c'est qu'on n'a pas seulement lutté pour la liberté, la démocratie, l'usage des droits fondamentaux, mais par l'usage des droits, par la liberté et la démocratie. La forme du mouvement et son but coïncident. Regardez encore aujourd'hui : à la loi antigrève, les chantiers de Gdansk répondent par la grève. Le problème ou plutôt l'un des problèmes est de savoir s'il est possible, et jusqu'à quand il est possible, de maintenir, en dépit de la nouvelle législation, cette identité d'objectif et de processus. » (1982.)

Foucault isole ici ce qui pourrait constituer l'opposé polaire de ce qui structure l'état d'urgence, sans pour autant expliciter comment, à l'échelle d'une société de masse ou d'un régime représentatif, une efficacité gouvernementale serait envisageable sans déroger à ce principe. Contrairement à l'hypothèse de valeurs communes partageables (Goupy, 2016), il n'est pas directement question d'un ancrage social, qui court toujours le danger d'exclure un autre qui ne partage pas les mêmes valeurs.

Ce modèle d'auto-organisation explicite que l'idéal régulateur qui nous permet de sortir de la rhétorique de l'état d'urgence, ou de la surenchère d'une urgence sur une autre, consiste à ce que la façon même dont nous délibérons dans une situation extrême soit en elle-même une fin désirable comme fin politique. Cette voie emprunte finalement autant à deux traditions bien différentes : la démocratie délibérative pour sa portée déontologique, et la démocratie radicale pour ce qui est de la participation directe.

Pour que la critique des usages politiques de l'urgence débouche sur autre chose que sur l'alternative stérile qui oppose naïveté ou adhésion sans condition, elle doit impliquer la possibilité de débattre des termes mêmes dans lesquels se formule la décision politique qui répond à l'urgence (soit, notamment, de la « normalité » à laquelle l'urgence fait exception) ; et la façon dont ce débat prend place doit constituer, autant que possible, une fin désirable collectivement – et pas seulement un moyen.

Références bibliographiques :

Angeli Aguiton, S., Cabane, L., Cornilleau, L., « Politiques de la "mise en crise" », *Critique internationale*, n° 85, vol. 4, 2019, p. 9-21.

Adamska, W., Hegemann, S., Ries, S., « Introduction. État(s) d'exception(s) sous stress », *Trajectoires, Revue de la jeune recherche franco-allemande*, n° 17, « État(s) d'exception en transformation », 2024.

Basilien-Gainche, M.-L., *État de droit et états d'exception Une conception de l'État*, PUF, 2013.

Bigo, D., Bonelli, L., « Ni État de droit, ni État d'exception. L'état d'urgence comme dispositif spécifique ? », *Cultures & Conflits*, n° 112, 2018, p. 7-14.

Bourdon, W., *Les dérives de l'état d'urgence*, Éd. Plon, 2017.

Butler, J. *Vie précaire. Les pouvoirs du deuil et de la violence après le 11 septembre 2001*, Éd. Amsterdam, traduction de Rosanvallon, J., Vidal, J., 2005.

DERRIDA, J., *Force de loi. Le fondement mystique de l'autorité*, Éd. Galilée, 1994.

FOUCAULT, M., *Naissance de la biopolitique*, EHESS-Gallimard-Seuil, 2004.

FOUCAULT, M., « La sécurité et l'État », *Tribune Socialiste* n° 763, 1977, p. 14-15.

FOUCAULT, M., « Le citron et le lait », *Le Monde*, n° 10 490, 1978, p. 14 (Sur BOUCHER, P., L*e Ghetto judiciaire*, Éd. Grasset, 1978), *in Dits Écrits*, III, 246.

FOUCAULT, M., « L'expérience morale et sociale des Polonais ne peut plus être effacée » (entretien avec ANQUETIL, G.), *Les Nouvelles littéraires*, n° 2857, 1982, p. 8-9.

FOUCAULT, M., « *Omnes et singulatim* : Vers une critique de la raison politique », *Le Débat*, n° 41, vol. 4, 1986, p. 5-36.

GOUPY, M., *L'état d'exception ou l'impuissance autoritaire de l'État à l'époque du libéralisme*, CNRS Éditions, 2016.

HEGEMANN, S., « Cultures politiques et état d'urgence. Une comparaison entre la France, la Belgique et l'Allemagne », *Trajectoires*, n° 17, 2017 (https://doi.org/10.4000/trajectoires.10287).

MANIN, B., « The Emergency Paradigm and the New Terrorism », *in* BAUME, S., FONTANA, B. (dir), *Les Usages de la Séparation des Pouvoirs*, Éd. Michel Houdiard, 2008, p. 135-171.

MINC, A., & GAUCHET, M., « Les élites, le peuple, l'opinion. Alain Minc : entretien avec Marcel Gauchet », *Le Débat*, vol. 3, n° 85, 1995, p. 55-65 (https://doi.org/10.3917/deba.085.0055).

MONTESQUIEU, *L'Esprit des lois* [1748], Éd. Garnier-Flammarion, 1979.

SAINT-BONNET, F., « États d'urgence », *Esprit*, n° 476, 2021, p. 14-17.

SAUVÊTRE, P., « Foucault et le conflit démocratique : le gouvernement du commun contre le gouvernement néolibéral », *Astérion*, n° 13, 2015 (https://doi.org/10.4000/asterion.2648).

Schmitt, C., *Théologie politique*, Éd. Gallimard, [1922] 1988, traduction, présentation et notes de Schlegel, J.-L.

Schmitt, C., « La notion de politique » [1932], traduction Freund, J., *in La notion de politique – Théorie du partisan*, Éd. Flammarion, 2009.

Schmitt, C., *Parlementarisme et démocratie*, traduction Schlegel, J.-L., Éd. Seuil, 1988.

Stiegler, B., *« Il faut s'adapter ». Sur un nouvel impératif politique*, Éd. Gallimard, 2023 [2019].

Zamora, D., « Foucault, la gauche et les années 1980 », *in* Zamora, D., & Behrent, M.C., *Foucault et le néolibéralisme*, Éd. Aden, 2022, p. 5-14.

L'écologie politique face à l'urgence ordinaire du pouvoir

Entretien avec Enzo Lesourt et Nicolas Le Merrer

Les luttes militantes autour des questions écologiques se caractérisent par un usage récurrent de la rhétorique de l'urgence, afin d'alerter sur le dérèglement climatique, l'effondrement de la biodiversité, etc. Or, force est de constater que ces proclamations d'une urgence à agir peinent à se traduire politiquement, à l'échelle nationale, et* a fortiori *sur le plan international. Vous qui avez longuement travaillé comme conseiller en stratégie et communication auprès du maire écologiste d'une grande ville française (Éric Piolle, à Grenoble), quel regard portez-vous sur l'emploi de cette terminologie de l'urgence, qui semble consubstantielle à l'écologie politique ?

Enzo Lesourt : J'ai appris au cours de cette décennie de pratique du pouvoir qu'il y a un impensé dans l'articulation que font les écologistes, au niveau national, entre « urgence climatique » et « pratique du pouvoir ». Si nous écoutons leur narratif, inchangé depuis les années 1970, il faut convaincre vite les électeurs de l'urgence climatique, en espérant qu'ils traduisent vite leur prise de conscience en bulletin de vote pour les écologistes et que, aussitôt élus, ceux-ci utilisent l'appareil d'État pour prendre de vitesse la catastrophe climatique. Cette équation ne peut pas fonctionner car elle repose selon moi sur un impensé historique – la nature profonde de l'État, Jupiter – et une erreur stratégique – emprunter la langue de l'urgence –, ces deux impasses se répondant l'une l'autre dans un cercle vicieux. La meilleure illustration de cette carence est la stratégie de l'ensemble de la galaxie climat avant l'élection présidentielle de 2022 : le mot d'ordre était « 2022 ou jamais ! », « mobilisation générale, c'est l'élection du siècle, après il sera trop tard ! ». Pour quel résultat ? Les écologistes ont fait l'un de leurs pires scores. La suite pour eux ? Le doute existentiel. Quand vous faites tapis, si vous perdez votre pari, il ne vous reste plus rien.

Pourriez-vous expliciter la nature de cet « impensé », quant à la nature de l'État ? Et dans quelle mesure la rhétorique de l'urgence n'est-elle pas seulement stratégiquement inefficace, dans le cas des luttes écologistes, mais relève plus profondément d'une forme de naïveté, ou de cécité, à l'égard des modalités du pouvoir ?

E.L. : Conquérir, conserver le pouvoir, gouverner, c'est l'art d'imposer son tempo, son agenda, ses formes juridiques et esthétiques, ses mots et son narratif à une société et une administration qui, jusque-là, évoluaient dans un autre référentiel. En somme, c'est imposer aux autres sa propre urgence. Pour avoir accompagné le maire à travers plusieurs états d'urgence (sécuritaires et sanitaires) et pour avoir travaillé à préparer un lancement de mandat présidentiel, j'ai entraperçu l'œil du cyclone. J'ai vu comment la toute-puissance s'installe, devenant progressivement semblable à un état de transe, et génère une nouvelle normalité, qui vous prive petit à petit de votre lucidité et de votre singularité. La source de ce mécanisme est systémique, donc politique : la raison d'être de l'État, son état de nature, dans lequel il ne s'embarrasse plus des contre-pouvoirs, des freins et des garde-fous prévus par le droit, c'est l'état d'urgence. Pour nous, citoyens de la métropole, l'état d'urgence est une parenthèse, un mauvais moment de crise que nous espérons le plus court possible. Pour l'État, au contraire, c'est une bouffée d'air frais, un recul généralisé des contraintes : Jupiter peut enfin être ce qu'il est vraiment… Je peux en attester, pour l'avoir constaté : gouverner en état d'urgence est tellement plus facile et créatif… même pour un écologiste ! Les historiens nous alertent pourtant sur la sédimentation des dispositifs d'urgence dans le droit commun, qui ronge l'État de droit. Sur ce point, nos concitoyens d'outre-mer ont beaucoup à nous apprendre sur ce qui se passe dans nos assemblées, nos quartiers populaires et autour de nos ronds-points. Ils subissent quotidiennement « l'urgence ordinaire » de l'État, dont la colonisation est la forme la plus aboutie, Jupiter sans fard. Le lien entre Jupiter et les bouleversements du climat ? Jupiter repose sur la suprématie d'un petit cercle qui s'octroie les pleins pouvoirs sur le reste des humains et du vivant, mais aussi sur les choses (sols et sous-sols) – le tout réduit à l'état de « ressources », humaines ou environnementales, au service de sa domination. Cette architecture du pouvoir s'est progressivement étendue à l'ensemble de la planète au point de produire ce qu'on appelle l'anthropocène : le choc entre la puissance de l'humanité et les cycles de la biosphère. Vouloir agir sur le climat qui devient fou sans considérer l'architecture qui engendre l'anthropocène est donc une impasse politique.

Au fil de ces dix années grenobloises, j'ai été surpris de découvrir que l'urgence ordinaire du pouvoir est extrêmement palpable au niveau communal : la loi donne au maire des pouvoirs d'exception, dont aucun chef d'État démocratique n'oserait rêver. Il est à la fois le chef du pouvoir exécutif, du pouvoir délibératif, de l'administration, mais aussi le premier magistrat du territoire, et il représente la République dans de nombreuses situations (vie des cultes, etc.). Comme si, à l'échelle locale, la loi (con)fusionnait tout ce qu'elle prétendait séparer au niveau national. Imaginerions-nous un seul instant, en régime démocratique, une même personne cumuler les pouvoirs de Président, de Premier ministre, d'employeur en chef de toute la fonction publique d'État, de Président de l'Assemblée Nationale et du Sénat et, dans certains cas, de garde des Sceaux en tant qu'officier de police judiciaire ? Pour rappel, l'article 16 de la Déclaration des Droits de l'Homme et du Citoyen prévoit que « Toute Société dans laquelle (...) la séparation des pouvoirs [n'est pas] déterminée, n'a point de Constitution ». C'est le paradoxe du statut de maire : il est le dernier maillon de la République en termes de compétences légales, et en même temps, il jouit d'une véritable toute-puissance à son échelle. Sur le plan psychologique aussi, cette tension est explosive. C'est ce que j'appelle le *continuum* de Jupiter : ce dernier est à tous les étages, pas seulement à l'Élysée, au sommet de l'État. C'est le spectre qui hante tout notre appareil démocratique car c'est l'état de nature du pouvoir, contre lequel se heurte tout contre-pouvoir au service du commun. Ce spectre traverse les régimes politiques et nous enferme dans son monde structuré par l'urgence et l'exception, suspendant ou assurant le droit comme il l'entend, au nom de sa souveraineté. Il nous prive d'une capacité d'action collective – de démocratie, donc – pour relever le défi climatique, par exemple. Après tout, la Ve République est elle-même née sous état d'urgence...

Cette tentation jupitérienne prend des formes diverses. Dans sa version « *hard power* », c'est évidemment le recul de l'État de droit au fil des états d'urgence. Dans sa version « *soft power* », elle consiste en une valorisation nostalgique de la France de l'Ancien Régime. C'est éloquent dans le narratif de l'industrie du luxe, par exemple, qui est le dernier fleuron industriel français. Voyez encore les occurrences du mot « *premium* », ou ce Président de la République qui écrit que la démocratie ne se suffit pas à elle-même, que les Français regrettent d'avoir tué le roi et qui vend « l'envie de devenir milliardaire » comme modèle de réussite pour la jeunesse. Dans le narratif de Jupiter, Versailles symbolise la France éternelle, et cela infuse partout : même dans notre République, le Château sert toujours de vitrine diplomatique et touristique à notre pays, et demeure le seul lieu autorisé pour modifier la Constitution. On peut évidemment retrouver une tentation autoritaire analogue aux États-Unis, en Russie ou encore en Chine, par exemple.

J'ai quitté ma décennie grenobloise avec une conviction : il est vain de s'en remettre à la supposée force de caractère du maire pour refuser d'endosser, sur le temps long, les « pleins pouvoirs » que lui donne la loi. Le pouvoir est une drogue dure qui paralyse lentement. Imaginer un individu « assez fort » pour ne pas céder à la langue de l'urgence, à la tentation de Jupiter, est une forme paradoxale de croyance en l'homme providentiel – mythe qui constitue la clé de voûte traditionnelle du narratif de l'urgence. Car oui : l'urgence appelle toujours Jupiter, le dernier recours, et celui-ci proclame l'état d'urgence et le suspend. Cette boucle narrative infernale piège notre jeu démocratique. Une possible solution se trouve dans l'organisation collective et l'institutionnalisation des contre-pouvoirs pour faire un bon usage de Jupiter – ce qui n'est autre que l'intention politique des premiers penseurs des Lumières face à l'absolutisme de l'Ancien Régime – afin de dessiner une nouvelle architecture du pouvoir, faire circuler autrement le capital politique et économique, décider collectivement dans l'intérêt du plus grand nombre, et agir. Il n'y a pas si longtemps nous appelions cela « démocratie ».

La difficulté d'une telle solution ne réside-t-elle pas dans son caractère plutôt contre-intuitif ? C'est en rompant avec la logique et la langue de l'urgence, et donc en retrouvant le temps propre à l'action démocratique, celui de la discussion collective, de la négociation réfléchie, que nous parviendrions à élaborer une réponse politique qui soit à la hauteur de l'urgence écologique, pourtant bien réelle et toujours plus pressante…

E.L. : Tout à leur réflexion tactique sur la façon d'attirer de nouveaux électeurs dans la « ruralité » ou les « quartiers populaires », les écologistes cultivent la croyance qu'il suffit de gagner l'élection et qu'ensuite l'intendance étatique suivra leur volonté. Pour eux, face à l'imminence de la catastrophe environnementale qui porte tout leur narratif, Jupiter a, en fait, bien des avantages… Comme si l'État était neutre et que le *continuum* de Jupiter, qui s'applique à tout le monde, allait glisser sur eux, le recours à Jupiter restant inconsciemment leur « dernière solution ». La naïveté se mêle ici à l'orgueil. Portés par cet angle mort sur l'identité profonde du pouvoir étatique, ils en viennent à parler eux-mêmes la langue de l'urgence, à l'instar des forces conventionnelles du jeu politique. Or, y compris dans leur référentiel, celle-ci demeure profondément antidémocratique, puisqu'elle place le scientifique dans un rôle qui n'est pas le sien et qui consiste à définir l'intérêt général. Tout comme le néolibéralisme place l'économiste dans ce même rôle, qui n'est pas le sien non plus. Bien sûr que la parole des scientifiques doit être entendue et crue, mais il est illusoire de croire qu'en se limitant à convertir l'alerte scientifique en urgence politique, les écologistes arriveront à gagner les élections, puis à répondre démocratiquement au problème que la science expose. Au contraire, la langue de l'urgence qu'ils empruntent est la langue du pouvoir brut, sans appel, sans alternative et sans délais, celle de Jupiter qui veut grandir et se débarrasser des garde-fous juridiques… Nous sommes loin des fondamentaux de l'écologie politique !

Sur le plan narratif, notre débat public se résume finalement à un match entre trois formes d'urgence : l'urgence de réduire l'immigration, du côté de l'extrême droite, pour éviter l'imminence du « grand remplacement » ; l'urgence de réduire la dette, du côté du macronisme (plus 2 % ou 3 % du PIB ?), pour éviter l'imminence de la faillite ; l'urgence de réduire la hausse du réchauffement climatique, chez les écologistes (plus 2° ou 3° ?), pour éviter l'imminence de l'effondrement du vivant. Cet alignement du discours des écologistes sur le style narratif de ceux qui exercent aujourd'hui le pouvoir, comme de ceux qui assument de vouloir faire reculer l'État de droit, est une opportunité stratégique ratée pour raviver leurs fondamentaux et pour se singulariser.

Rappelons tout de même que l'écologie politique est née, au XIXe siècle, d'une opposition à la bifurcation impériale du pouvoir issu de la Révolution française. Que disait ce pouvoir révolutionnaire ? Par goût pour le commun et par refus des privilèges, il a voulu proposer un débouché inédit à une profonde aspiration à l'égalité, chauffée à blanc par huit siècles de monarchie. Une nouvelle façon de faire circuler le capital politique et économique dans la société, une nouvelle architecture… Au point que les régimes nostalgiques et autoritaires du XIXe siècle, ceux qui ne voulaient pas d'une France républicaine, ont dû dévier et pervertir cette aspiration pour l'intégrer à leur contre-narratif, celui de l'impérialisme colonial et du capitalisme à la française. C'est ce contre-narratif qui a redéfini notre rapport à « la nature », à notre prochain (et tout particulièrement à notre prochaine) et accessoirement à nos voisins outre-mer. Nous sommes passés de l'État censé garantir l'égalité horizontale de tous contre les privilèges, à l'État assurant un simulacre « d'égalité » dans la concurrence pour l'accumulation des privilèges individuels, c'est-à-dire, en creux, la valorisation de la hiérarchie des conditions. C'est tout simplement un retournement du narratif républicain. Cette matrice est toujours active et les écologistes, en face d'elle, devraient être au rendez-vous…

Hélas, la controverse actuelle contre le « *wokisme* » est éclairante : les écologistes n'arrivent pas à inverser la vapeur. Le terrain de fond de cette controverse est pourtant bien cette exigence d'égalité, cette aspiration à vivre dignement, sans subir l'arbitraire et la brutalité d'un pouvoir qui n'a pas rompu avec sa matrice impérialiste, raciste et misogyne. Comme un lapin dans les phares, les écologistes ne voient pas que cette controverse est une opportunité pour exposer publiquement leur véritable architecture du pouvoir. Nous nous retrouvons aujourd'hui dans la situation étrange où le courant de pensée qui est né d'une allergie viscérale à la dérive impériale du pouvoir, son urgence ordinaire, cède à une forme de béatitude devant « l'État » et emprunte à son tour le narratif autoritaire et anxiogène de l'urgence… Il devrait au contraire s'appuyer sur ses fondamentaux pour diffuser un autre narratif, en imposant dans le débat public la question de savoir comment prendre le pouvoir sans être pris par lui, en mettant en circulation de nouvelles valeurs et en promouvant de nouveaux modes de vie : une autre conception de la réussite, de la prospérité, de la gloire, de la honte, etc. C'est le monde à l'envers, et pour grandir les écologistes gagneraient à prendre le temps de se demander : Jupiter fait-il partie du problème ou de la solution ?

Mais est-ce que cette bataille axiologique peut se mener depuis la sphère politique* stricto sensu *? Un tel effort de transformation des imaginaires dominants, et des valeurs qui les fondent, ne doit-il pas plutôt s'appuyer sur des espaces et des activités que nous ne considérons pourtant pas, à première vue, comme « politiques » ? Je pense ici notamment à l'art, et plus particulièrement, dans votre cas, à la littérature, avec la récente parution de votre premier roman,* Le soulèvement du Pacifique *(Wild Project, 2025).

E.L. : Ma bascule dans la littérature n'est pas une retraite politique, au contraire. J'ai vu comment le jeu institutionnel et même les acteurs qui se prétendent immunisés sont en réalité sous l'emprise de Jupiter, une emprise qui à bien des égards ressemble à de la fascination – et je n'ai pas ici la prétention d'avoir fait exception. Une fois que Jupiter et ses avatars arrivent à vous satelliser dans leur orbite, il est trop tard pour espérer changer les règles du jeu : votre narratif se verrouille, aussi « pirate » soit-il au départ, il devient hors-sol et tourne dans le vide. Toute votre énergie est utilisée pour ne pas décrocher et pour essayer de vous rapprocher de l'astre : tout le reste, jusqu'à votre propre dignité, devient alors peu à peu secondaire. Dans cette ronde folle, voire mortifère, la brutalité et la violence deviennent des outils comme les autres.

Pour moi qui fus conseiller spécial, parmi les plus proches de l'astre – non pas de la figure du maire, mais de son pouvoir – c'est là qu'intervient la littérature : elle me permet de travailler à reconquérir ma singularité et ma dignité, tout en œuvrant à la construction de nouveaux narratifs, qui permettraient d'imaginer d'autres pratiques politiques, en rupture avec le magnétisme de Jupiter. Dans mon roman, j'imagine la victoire du « Oui » au 3e référendum sur l'indépendance de la Kanaky Nouvelle-Calédonie, en décembre 2021, alors que la France l'a torpillé avec agressivité et sans aucune honte, pour conserver une présence dans cet océan Pacifique en passe de devenir l'épicentre du XXIe siècle. C'est l'histoire d'un peuple, de son narratif et de son imaginaire décalé du nôtre : j'imagine le monde Kanak et océanien tenir tête à Jupiter, et parvenir à le vaincre.

Vue de ma place, la littérature offre la liberté, justement, de faire trébucher les empires et de remettre ceux qui se pensent intouchables au même niveau que le commun des mortels : c'est au fond une expérience de démocratie assez radicale ! Au moment où ceux qui pratiquent le pouvoir perdent le souci de la vérité, voire du réel, où le vrai et le faux ne sont plus des critères de la communication politique et où les *fake news* deviennent une réalité possible parmi d'autres, utiliser la littérature pour corriger le réel est une forme de pied de nez à Jupiter. Peut-être une façon de lui montrer que sa victoire n'est pas si éclatante qu'il le croit, et qu'un livre peut aussi s'efforcer de tisser une communauté affective, premier stade de l'action politique. Si nous voulons sortir de la boucle infernale de l'urgence et de son appel permanent, plus ou moins honteux, à Jupiter, nous gagnons à investir des espaces de travail où peuvent se forger ces nouveaux récits. Mon expérience passée me pousse à croire que cette nouveauté ne viendra pas en priorité du jeu institutionnel, et elle m'incite à envisager la littérature comme l'un de ces espaces de redémocratisation.

Bibliographie sélective

Agamben, G., *État d'exception*, Éd. Seuil, 2003.

Beerli, M. J., « Saving the Saviors : Security Practices and Professional Struggles in the Humanitarian Space », *International Political Sociology*, n° 12, vol. 1, 2018, p. 70-87.

Fassin, D., *La vie. Mode d'emploi critique*, Éd. Seuil, 2018.

Foucault, M., *Sécurité, territoire, population*, Éd. Gallimard/Seuil, 2004.

Glasman, J., *Humanitarianism and the quantification of human needs : Minimal humanity*, Éd. Routledge, 2019.

Goupy, M., *L'état d'exception ou l'impuissance autoritaire de l'État à l'époque du libéralisme*, CNRS Éditions, 2016.

Groupe d'experts intergouvernemental sur l'évolution du climat (GIEC), *sixième rapport d'évaluation*, Genève, 2021-2023, en ligne : https://www.ipcc.ch/report/ar6/syr/

Hennette-Vauchez, S., *La démocratie en état d'urgence. Quand l'exception devient permanente*, Éd. Seuil, 2022.

Juven, P.-A., Pierru, F., Vincent, F., *La casse du siècle. À propos des réformes de l'hôpital public*, Éd. Raisons d'Agir, 2019.

Le Mauff, J., *L'Empire de l'urgence*, PUF, 2024.

Mariot, V. & Boulakia, T., *L'attestation : une expérience d'obéissance de masse, printemps 2020*, Éd. Anamosa, 2023.

Mérieau, E., *Géopolitique de l'état d'exception : Les mondialisations de l'état d'urgence*, Éd. Cavalier Bleu, 2024.

Urgence

MOREL, S., « Urgence et tri des patient.e.s. Entre normes médicales et économiques, quelle éthique du soin possible ? » in Weil-Dubuc (dir.), *La valeur de la santé. Questionnements à la croisée de l'éthique et de l'économie*, Éd. Erès, 2024.

ROSA, H., *Accélération. Une critique sociale du temps*, La découverte, 2010 (traduit de l'allemand par D. Renault, Éd. originale 2005).

TAITHE, B., « Empathies, Soins et Compassions : Les Émotions humanitaires » in COURTINE, J-J., CORBIN, A., VIGARELLO, G., *Histoires des Émotions*, Éd. Seuil, 2017, p. 364-81.

VALETTE, P., *Éthique de l'urgence, urgence de l'éthique*, PUF, 2013.

Les auteur.e.s

Bertrand Taithe est professeur d'histoire culturelle à l'Université de Manchester et membre fondateur de l'Institut de réponse humanitaire et de réponse aux conflits. Il travaille sur l'histoire de l'aide humanitaire et de ses représentations. Parmi ses articles et livres les plus récents : « Unpacking the Emergency Health Kit of International Humanitarian Medical Aid 1978-1990: How Humanitarian Standards and Supply Chains became Global. », *Journal of Global History*, 2025, avec M. Cullen et J. Winters. Mais aussi, « Making Hepatitis C history: Medecins sans frontières, hepatitis C and humanitarian Medicine in Cambodia », *Social History of Medicine*, avec Mickael le Paih, 2025.

David Jousset est professeur de philosophie sociale à l'université de Brest. Après avoir dirigé une équipe interdisciplinaire en éthique du soin (*Penser l'Humain vulnérable*, 2017), il travaille en coopération avec le mouvement international ATD Quart Monde. Il a publié plusieurs travaux sur la pensée de Joseph Wresinski, fondateur du mouvement, inspirateur d'un croisement des savoirs permettant de comprendre l'être social dans une approche ontologique, éthique et politique.

Enzo Lesourt est docteur en philosophie politique, diplômé de Science Po, il a été conseiller spécial du premier maire écologiste d'une grande ville de France de 2012 à 2022. En 2011, il publie *André Gorz*, portrait du philosophe en contrebandier (L'harmattan), en 2018 *Survivre à l'Anthropocène* (PUF) et en 2025, son premier roman, *Le soulèvement du Pacifique* (Wild

Project). Il enseigne aujourd'hui à l'Université et continue ponctuellement le conseil politique.

Eugénie Mérieau est maîtresse de conférences en droit public à l'université Paris 1 Panthéon-Sorbonne, chercheuse à l'Institut des sciences juridiques et philosophiques de la Sorbonne (ISJPS/CNRS), enseignante et chercheuse associée à Sciences Po Paris (CERI/CNRS). Constitutionnaliste, politiste et juriste, elle est spécialiste du constitutionnalisme autoritaire et de droit comparé. Elle est notamment l'autrice de *La Dictature, une antithèse de la démocratie ? 20 idées reçues sur les régimes autoritaires* (Le Cavalier Bleu, 2019, rééd. poche, 2024), *Géopolitique de l'État d'exception. Les mondialisations de l'état d'urgence* (Le Cavalier bleu, 2024) et *Constitution* (Anamosa, 2025).

Jamal Abdel-Kader, médecin, obtient son diplôme d'état de docteur en médecine et son diplôme d'études spécialisées en psychiatrie en 2015. Ancien assistant spécialiste des hôpitaux, il est nommé praticien hospitalier titulaire en 2020. Il a exercé comme psychiatre de liaison à l'hôpital Beaujon (AP-HP), où le film documentaire *État-Limite*, qui le montre au travail, a été tourné.

Joël Glasman est historien et professeur à l'Université de Bayreuth. Il travaille sur l'histoire de l'État contemporain en Afrique de l'Ouest, l'histoire globale et les humanités humanitaires. Dernier ouvrage paru : *Petit manuel d'autodéfense à l'usage des volontaires : Les humanités humanitaires* (2023)

Johann Drevillon est psychologue clinicien en hôpital public (Morlaix, Finistère) et exerce en tant que psychanalyste en libéral. Actuellement doctorant en philosophie, il travaille sur la question de l'articulation entre émancipation et résistance entendue dans sa double dimension psychique et politique. Thèse en cours : *Ce qui résiste, résistances et émancipation.*

Nicolas Le Merrer est maître de conférences en philosophie à l'Université de Brest (UBO), et membre du laboratoire HCTI (UR 4249). Il mène ses recherches en philosophie antique, étudiant particulièrement les enjeux éthico-politiques de la critique platonicienne de l'art et de la rhétorique. Il dirige également, au sein du laboratoire HCTI, un programme de recherche pluridisciplinaire consacré à la notion d'urgence : « L'urgence dans le texte-image : discours et esthétiques du temps court ». Les personnes qui ont contribué à ce volume ont toutes participé, à un titre ou un autre, aux événements de recherche brestois liés à ce programme, organisés en 2024 et 2025 : qu'elles en soient ici vivement remerciées.

Nicolas Peduzzi, né en 1982 à Paris, est un réalisateur. Après une formation en théâtre à New York, il réalise plusieurs courts métrages avant de signer son premier long métrage, *Southern Belle*, qui remporte le Grand Prix du FID Marseille. Suivent *Ghost Song*, sélectionné à l'ACID lors du Festival de Cannes, puis *État limite*, également présenté à l'ACID, sorti en salles et diffusé sur Arte.

Ancienne étudiante et enseignante de l'ENS de Lyon, **Marie-Noëlle Ribas** est agrégée et docteure en philosophie ancienne, spécialisée en philosophie grecque. Membre associée de HCTI (UR 4249), elle enseigne en CPGE scientifique. Ses travaux portent sur l'expérience et la réception des Anciens. Elle a publié en 2019, *La Querelle de l'expérience, Aristote, Platon, Isocrate*, chez Classiques Garnier. Ses dernières publications portent sur la rhétorique des émotions et la *post-truth politics*.

Ancien·ne normalien·ne de la rue d'Ulm, agrégé·e et docteur·e en philosophie, **Marion Pollaert** est spécialiste de philosophie ancienne et de philosophie politique, rattaché·e à plusieurs équipes de recherche : le laboratoire Savoirs, Textes, Langage à Lille (UMR 8163), le Centre Jean Pépin à Paris (UMR 8230) et Ifilnova à Lisbonne. Après une thèse sur le lien entre connaissance et action dans la *République* de Platon (en cours de publication), ses recherches et articles déploient une réflexion sur la relation entre la valeur et l'objectivité, à l'intersection de la métaphysique et de la philosophie politique, aussi bien en philosophie ancienne que contemporaine. Son ouvrage *L'Être et la valeur* doit paraître prochainement chez Vrin.

Maîtresse d'enseignement et de recherche à l'Institut des Études Globales de l'Université de Genève, **Monique J. Beerli** est une chercheuse en sciences sociales dont les travaux explorent les transformations contemporaines et les dynamiques de pouvoir à l'œuvre dans la gouvernance globale. Ses recherches interrogent notamment la politique de l'expertise en matière de sécurité, les logiques de concurrence entre organisations internationales, les formes de décision appuyées sur les données, ainsi que les pratiques archivistiques dans le champ humanitaire. Ses travaux ont été publiés dans des revues telles que *Critique Internationale, PARISS, International Political Sociology, Global Governance* et *International Peacekeeping.*

Patrice Poingt, est agrégé de philosophie, chargé de cours à l'université de Brest et coresponsable du DU « Éthique et soin ». Ses dernières publications : « Du serment d'Hippocrate antique au serment moderne : la posture éthique du médecin », in *Éthique et santé*, septembre 2024. « La transplantation cardiaque : performance technique ou aventure métaphysique ? Réflexions à partir d'une lecture de *L'intrus* de Jean-Luc Nancy. », in *Éthique et santé*, décembre 2024.

Philippe Ouvrard, professeur agrégé de philosophie au lycée Amiral Ronarc'h (Brest), est chargé de cours en philosophie et en éthique du soin à l'université de Brest. Spécialisé en philosophie politique et juridique ainsi qu'en philosophie morale et éthique, il s'oriente plus particulièrement vers la philosophie contemporaine, notamment post-kantienne.

Sylvie Morel est Maîtresse de conférences en sociologie à Nantes Université et chercheuse au Centre nantais de sociologie (CENS, UMR 6025). Spécialisée en sociologie de la santé et des inégalités, elle conduit ses recherches depuis 15 ans sur différents terrains de santé : les urgences, la cancérologie, les maladies infectieuses (VIH, hépatites) et plus récemment, la médecine reproductive. S'agissant de cette dernière recherche, menée en collaboration avec les professionnels de santé et les personnes trans, elle vise à identifier et lever les obstacles à l'accès aux soins procréatifs : autoconservation des gamètes et aide médicale à la procréation. Plus généralement, ses travaux visent à comprendre les processus de (re)production des inégalités sociales et territoriales de santé en interrogeant les politiques publiques, les pratiques professionnelles et les expériences des personnes soignées.

Table des matières

Présentation générale
Urgence : pouvoir des mots, mot du pouvoir 7
Marion Pollaert et Nicolas Le Merrer
Les médiations de l'urgence 11
De l'aide humanitaire au soin hospitalier :
le spectre du tri 15
De la « crise » des urgences à l'urgence
des vies dénudées : le défi d'une réappropriation
démocratique de l'aide et du soin 18
Comment résister aux états d'urgence ?........... 20

Qu'est-ce qu'une urgence humanitaire ?
Les définitions humanitaires de la crise 25
Joël Glasman
Définir l'urgence par le management 27
Définir l'urgence par le seuil statistique 31
Conclusion 34

Urgence et priorités : choix politiques
et médecine humanitaire depuis 1978 39
Bertrand Taithe
L'urgence et la tension entre volontariat,
travail moral et professionnalisation............. 42
Triage................................ 44

Les dimensions de l'urgence 45
Urgence pathologique et urgence pharmaceutique : du VIH aux maladies non contagieuses, le temps long des traitements 48

Vie et mort en zone rouge 55
Monique J. Beerli
« Nous sommes labellisés zone rouge » 58
Professionnalisation de la gestion de la sécurité humanitaire 59
Laisser sans protection au nom de l'humanité 61
Crise de sécurité ou crise de l'humanitaire ? 63

Politique et éthique de la « crise des urgences », entre maltraitance systémique et dépossession . . . 67
Philippe Ouvrard
Organiser l'hôpital sur le modèle managérial d'une entreprise 67
Gouvernance contre service public 69
Sortir démocratiquement de la crise des urgences 73
Ne pas basculer dans la maltraitance institutionnelle . . . 74

Temporalité éthique contre urgence permanente . . . 83
Patrice Poingt
Structure de la temporalité dans le domaine de l'éthique et de la morale 84
L'inévitable restructuration temporelle de l'éthique et de la morale dans le cadre de la médecine d'urgence 88
Les conséquences de l'idéologie de l'urgence sur la temporalité de l'éthique 92

Urgences et tri en temps de crise sanitaire 97
Sylvie Morel
Le tri entre « malades Covid » et « non-Covid » 100
Les déprogrammations : une forme de « tri de l'ombre » 100
Le bricolage de « réas-camping » ou « éphémères » ... 102
Le tri entre les malades Covid pour l'accès aux soins de réanimation : « En fait, on abaisse les critères ! »... 105
Au-delà de la crise : le tri comme quotidien du personnel soignant 110

« **Créer un temps qui n'existe pas** »............ 115
Entretien avec Nicolas Peduzzi et Jamal Abdel-Kader, avec Marion Pollaert et Nicolas Le Merrer

Rhétorique de l'urgence et risques existentiels : vers une redéfinition de l'urgence............. 131
Marie-Noëlle Ribas

Liberté, anxiété, sécurité : approche sociopsychologique des affects de l'urgence 137
Johann Drévillon
Liberté 138
L'ambivalence de la liberté.................... 138
Liberté et pouvoir......................... 140
Anxiété................................ 142
La matrice affective des idées................. 142
Paradoxes de l'angoisse 143
Sécurité................................ 146
La multidimensionnalité de la sécurité 146
La sécurité ne se confond pas avec le sécuritaire 147

L'État d'urgence, matrice coloniale-autoritaire de la Ve République 151
Eugénie Mérieau
Généalogie d'un déni colonial-autoritaire.......... 152
L'état d'exception colonial algérien, accoucheur de la Ve République 155
La Ve république, héritière de l'état d'exception économique mondialisé à Weimar 157
Le conseil Constitutionnel et le Conseil d'État, facilitateurs et alibis de l'état d'urgence 159

Le contre-droit des vies dénudées : sortir de l'acommunication politique 165
David Jousset
La pauvrophobie, une haine de l'autre socialement instituée 167
Des vies dénudées 168
Le contre-droit subi.......... 169
Un « contre-droit » à plusieurs modalités 170
Le contre-droit actif.......... 172
Dimensions juridiques de la lutte contre l'exclusion... 172
Le ressourcement du droit commun.......... 175
Vers un droit de la vie partagée 178

Critiques de l'urgence et revendication démocratique 181
Marion Pollaert
États d'urgence et dépolitisation néolibérale 183
Fins et moyens : si l'urgence est « exception », qu'est-ce qui est « normal » ? 188

Une autre rationalité politique : identité d'objectif et de processus 190

L'écologie politique face à l'urgence ordinaire du pouvoir 197
Entretien avec Enzo Lesourt et Nicolas Le Merrer

TITRES PARUS D'HERMÈS

1	**Théorie politique et communication**, coordonné par C. Lazzeri et J.-P. Chrétien-Goni	1988
2	**Masses et politique**, coordonné par D. Reynié	1988
3	**Psychologie ordinaire et sciences cognitives**, coordonné par P. Engel	1988
4	**Le nouvel espace public**, coordonné par D. Bregman, D. Dayan, J.-M. Ferry et D. Wolton	1989
5-6	**Individus et politique**, coordonné par E. Apfelbaum, J.-M. Besnier et A. Dorna	1990
7	**Bertrand Russell. De la logique à la politique**, coordonné par F. Clementz et A.-F. Schmid	1990
8-9	**Frontières en mouvement**, coordonné par D. Dayan, J.-M. Ferry, J. Sémelin, I. Veyrat-Masson, Y. Winkin et D. Wolton	1990
10	**Espaces publics, traditions et communautés**, coordonné par J.-M. Ferry	1992
11-12	**À la recherche du public. Réception, télévision, médias**, coordonné par D. Dayan	1993
13-14	**Espaces publics en images**, coordonné par D. Dayan et I. Veyrat-Masson	1994
15	**Argumentation et rhétorique** (1), coordonné par A. Boyer et G. Vignaux	1995
16	**Argumentation et rhétorique** (2), coordonné par A. Boyer et G. Vignaux	1995

17-18 **Communication et politique**, coordonné par G. Gauthier, A. Gosselin et J. Mouchon 1995

19 **Voies et impasses de la démocratisation**, coordonné par P. Meyer-Bisch et E. M. Swiderski 1996

20 **Toutes les pratiques culturelles se valent-elles ?**, coordonné par J.-P. Sylvestre 1997

21 **Sciences et médias**, coordonné par S. de Cheveigné 1997

22 **Mimesis. Imiter, représenter, circuler**, coordonné par S. Ossman 1998

23-24 **La cohabitation culturelle en Europe**, coordonné par É. Dacheux, A. Daubenton, J.-R. Henry, P. Meyer-Bisch et D. Wolton 1999

25 **Le dispositif. Entre usage et concept**, coordonné par G. Jacquinot-Delaunay et L. Monnoyer-Smith 1999

26-27 **www.démocratie locale.fr**, coordonné par É. Maigret et L. Monnoyer-Smith 2000

28 **Amérique latine. Cultures et communication**, coordonné par G. Lochard et P. R. Schlesinger 2000

29 **Dérision-Contestation**, coordonné par A. Mercier 2001

30 **Stéréotypes dans les relations Nord-Sud**, coordonné par G. Boëtsch et C. Villain-Gandossi 2001

31 **L'opinion publique. Perspectives anglo-saxonnes**, coordonné par L. Blondiaux et D. Reynié avec la collaboration de N. La Balme 2001

32-33 **La France et les Outre-mers. L'enjeu multiculturel**, coordonné par T. Bambridge, J.-P. Doumenge, B. Ollivier, J. Simonin et D. Wolton 2002

34 **L'espace, enjeux politiques**, coordonné par I. Sourbès-Verger 2002

35 **Les journalistes ont-ils encore du pouvoir ?**, coordonné par J.-M. Charon et A. Mercier 2003

36 **Économie solidaire et démocratie**, coordonné par É. Dacheux et J.-L. Laville 2003

37 **L'audience. Presse, Radio, Télévision, Internet**, coordonné par R. Chaniac 2003

38 **Les sciences de l'information et de la communication**, coordonné par Y. Jeanneret et B. Ollivier 2004

39 **Critique de la raison numérique**, coordonné par V. Paul et J. Perriault 2004

40 **Francophonie et mondialisation**, coordonné par T. Bambridge, H. Barraquand, A.-M. Laulan, G. Lochard, D. Oillo 2004

41 **Psychologie sociale et communication**, coordonné par B. Orfali et I. Marková 2005

42 **Peuple, populaire, populisme**, coordonné par P. Durand et M. Lits 2005

43 **Rituels**, coordonné par G. Boëtsch et C. Wulf 2005

44 **Économie et communication**, coordonné par J. Farchy et P. Froissart 2006

45 **Fractures dans la société de la connaissance**, coordonné par D. Oillo et B. Mvé-Ondo 2006

46 **Événements mondiaux, regards nationaux**, coordonné par J. Arquembourg, G. Lochard et A. Mercier 2006

47 **Paroles publiques, communiquer dans la cité**, coordonné par F. Massit-Folléa et C. Méadel 2007

48 **Racines oubliées des sciences de la communication**, coordonné par A.-M. Laulan et J. Perriault 2007

49 **Traduction et mondialisation**, vol. 1
coordonné par J. Nowicki et M. Oustinoff 2007

50 **Communiquer – innover. Réseaux, dispositifs, territoires**, coordonné par N. D'Almeida, P. Griset et S. Proulx 2008

51 **L'épreuve de la diversité culturelle**, coordonné par J. Nowicki, M. Oustinoff et S. Proulx 2008

52 **Les guerres de mémoire dans le monde**, coordonné P. Blanchard, M. Ferro et I. Veyrat-Masson 2008

53 **Traçabilité et réseaux**, coordonné par M. Arnaud et L. Merzeau 2009

54 **La bande dessinée : art reconnu, média méconnu**, coordonné par É. Dacheux, J. Dutel et S. Le Pontois 2009

55 **Société civile et Internet en Chine et Asie orientale**, coordonné par O. Arifon, L. Chang et É. Sautedé 2009

56 **Traduction et mondialisation**, vol. 2, coordonné par M. Oustinoff, J. Nowicki et A.-M. Chartier 2010

57 **SCIENCES.COM, libre accès et science ouverte**, coordonné par C. Méadel, J. Farchy et P. Froissart 2010

58 **Les langues de bois**, coordonné par J. Nowicki, M. Oustinoff et A.-M. Chartier 2010

59 **Ces réseaux numériques dits sociaux**, coordonné par T. Stenger et A. Coutant 2011

60 **Edgar Morin, aux risques d'une pensée libre**, coordonné par A. Pena Vega et S. Proutheau 2011

61 **Les musées au prisme de la communication**, coordonné par P. Rasse et Y. Girault 2011

62 **Les jeux vidéo. Quand jouer, c'est communiquer**, coordonné par J.-P. Lafrance et N. Oliveri 2012

63 **Murs et frontières**, coordonné par T. Paquot et M. Lussault 2012

64 **Les chercheurs au cœur de l'expertise**, coordonné par L. Maxim et G. Arnold 2012

65 **Le monde Pacifique dans la mondialisation**, coordonné par D. Barbe, R. Meltz et D. Tellier 2013

66 **Classer, penser, contrôler**, coordonné par S. Kovacs et V. Liquète 2013

67 **Interdisciplinarité : entre discipline et indicipline**, coordonné par J.-M. Besnier et J. Perriault 2013

68 **L'Autre n'est pas une donnée. Altérités, corps et artefacts**, coordonné par F. Renucci, S. Lepastier et B. Le Blanc 2014

69 **Sexualités**, coordonné par V. Schafer, E. A. Amato et F. Pailler 2014

70 **Le xxe siècle saisi par la communication. Vol. 1, Les révolutions de l'expression**, coordonné par É. Letonturier et B. Valade 2014

71 **Le xxe siècle saisi par la communication. Vol. 2, Ruptures et filiations**, coordonné par É. Letonturier et B. Valade 2015

72 **L'Artiste, un chercheur pas comme les autres**, coordonné par F. Renucci et J.-M. Réol 2015

73 **Controverses et communication**, coordonné par R. Badouard et C. Mabi 2015

74 **La voie des sens**, coordonné par B. Munier et É. Letonturier 2016

75 **Les langues romanes : un milliard de locuteurs**, coordonné par M. Oustinoff et L.-J. Calvet 2016

76 **Le renseignement : un monde fermé dans une société ouverte**, coordonné par N. Moinet et F. Bulinge 2016

77 **Les incommunications européennes**, coordonné par J. Nowicki, L. Radut-Gaghi et G. Rouet 2017

78 **Les élèves, entre cahiers et claviers**, coordonné par V. Liquète et B. Le Blanc 2017

79 **Les BRICS, un espace ignoré**, coordonné par O. Arifon, T. Dwyer et C. Liu 2017

80 **30 ans d'indisciplines**, coordonné par le bureau de la rédaction 2018

81 **De la communication en diplomatie**, coordonné par G. Rouet et L. Radut-Gaghi 2018

82 **Nouvelles voix de la recherche en communication**, coordonné par le bureau de la rédaction 2018

83 **Les stéréotypes, encore et toujours**, coordonné par V. Liquète et A. Lehmans 2019

84 **Les incommunications**, coordonné par F. Renucci et T. Paquot 2019

85 **La communication au cœur des connaissances**, coordonné par B. Chapelain et B. Valade 2019

86 **Autant de musiques, autant de mondes**, coordonné par D. Ehrhardt, T. Dwyer et E. Dacheux 2020

87 **L'érudition**, coordonné par D. Wolton 2021

88 **Confiance et communication**, coordonné par E. Letonturier et A. Lehmans 2021

89 **Les ONG à l'épreuve de la com'**, coordonné par M. Oustinoff et U. Ruiz 2022

90 **L'Europe entre incommunications et guerres**, coordonné par G. Rouet et Y. T. Delof 2022

91 **La Marche**, coordonné par V. Liquète et D. Le Breton 2023

92 **La voix, force de la radio** coordonné par Brigitte Chapelain et Zhao Alexandre Huang, supervisé par Jean-Michel Besnier 2023

93	**L'Europe du Nord si proche, si lointaine** coordonné par Ugo Ruiz et Orla Vigsø	2024
94	**Migrations : les défis de l'autre** coordonné par Axel Boursier et Asal Bagheri supervisé par Gilles Rouet	2024
95	**L'Amérique latine, continent imaginé** coordonné par Damien Larrouqué et Yohann Turbet Delof, supervisé par Michaël Oustinoff	2025

La revue *Hermès* est accessible en ligne sur
www.cairn.info/revue-hermes-la-revue.htm

DANS LA MÊME COLLECTION

La télévision
coordonné par Guy Lochard 2009

L'audience
coordonné par Régine Chaniac 2009

La réception
coordonné par Cécile Méadel 2009

Les sciences de l'information et de la communication
coordonné par Éric Dacheux 2009

Populaire et populisme
coordonné par Marc Lits 2009

Sociétés de la connaissance, fractures et évolutions
coordonné par Michel Durampart 2009

La cohabitation culturelle
coordonné par Joanna Nowicki 2010

Critique de la société de l'information
coordonné par Jean-Paul Lafrance 2010

Le rituel
coordonné par Aurélien Yannic 2010

La mondialisation de la communication
coordonné par Paul Rasse 2010

Médiations
coordonné par Vincent Liquète 2010

Racines oubliées des sciences de la communication
coordonné par Jacques Perriault 2010

La communication
coordonné par Éric Dacheux 2010

L'argumentation
coordonné par Nicole D'Almeida 2010

Traduction et mondialisation
coordonné par Michaël Oustinoff 2010

La neutralité de l'Internet, un enjeu de communication
Valérie Schafer et Hervé Le Crosnier 2011

Sciences et médias
coordonné par Sébastien Rouquette 2011

L'économie solidaire
coordonné par Jean-Louis Laville 2011

Le marketing politique
coordonné par Thomas Stenger 2012

Médias et opinion publique
coordonné par Arnaud Mercier 2012

Internet et politique
coordonné par Alexandre Coutant 2012

Les réseaux
coordonné par Éric Letonturier 2012

La rhétorique
coordonné par Manuel Maria Carrilho 2012

Art et science
coordonné par Jean-Paul Fourmentraux 2012

La diversité culturelle
coordonné par Paul Rasse 2013

Propriété intellectuelle, géopolitique et mondialisation
Mélanie Dulong de Rosnay et Hervé Le Crosnier 2013

L'humain augmenté
coordonné par Édouard Kleinpeter 2013

L'incommunication
coordonné par Samuel Lepastier 2013

Les utopies
coordonné par Éric Letonturier 2013

Bande dessinée et lien social
coordonné par Éric Dacheux 2014

Information et communication scientifiques à l'heure du numérique
coordonné par Valérie Shafer 2014

Politiques sécuritaires et surveillance numérique
coordonné par Pierre-Antoine Chardel 2014

Cultures de l'information
coordonné par Vincent Liquète 2014

Ville, architecture et communication
coordonné par Thierry Paquot 2014

Identités numériques. Expressions et traçabilité
coordonné par Jean-Paul Fourmentraux 2015

Sport et médias
coordonné par Alexandre Obœuf 2015

Banlieues vues d'ailleurs
coordonné par Bernard Wallon 2016

Bande dessinée et numérique
coordonné par Pascal Robert 2016

L'alimentation demain. Cultures et médiations
coordonné par Gilles Fumey 2016

La communication environnementale
coordonné par Thierry Libaert 2016

Guerre, armées et communication
coordonné par Éric Letonturier 2017

La communication politique, édition revue et augmentée
coordonné par Arnaud Mercier 2017

France-Allemagne. Incommunications et convergences
coordonné par Gilles Rouet et Michaël Oustinoff 2018

Algorithmes et décisions publiques
coordonné par Gilles Rouet 2019

À vue de nez. Odorat et communication
coordonné par Brigitte Munier 2019

[Im] matérialités de la mort
coordonné par Valérie Robin Azevedo 2020

Santé connectée
coordonné par Cristina Lindenmeyer et Marie-Pia d'Ortho 2020

Communication et sécurité routière
coordonné par Laurent Carnis 2021

Classement des universités
coordonné par Gilles Rouet 2022

Journalisme et « Post-verité »
coordonné par Alexandre Joux 2023

Design et communication. Créations collectives
coordonné par de Lionel Lavarec 2023

Sport, communication et politique
coordonné par Gilles Rouet et Nicolas Peyre 2024

L'Espace public éclaté
coordonné par Éric Dacheux 2024

IA : Enjeux et responsabilités
coordonné par Gilles Rouet 2025

La collection Les Essentiels d'Hermès est accessible en ligne sur
https://books.openedition.org/editionscnrs/13558